シルバーラインワーク

銀線を曲げて叩いて、プチ彫金で作るアクセサリー

監修
長谷川典子 テン・フォレスト

STUDIO TAC CREATIVE

INTRODUCTION
はじめに

　「彫金をやってみたい。でも、専門的で道具を揃えるのも大変…」、「こんな形のパーツがあったらいいのに!」、「シルバーで軽いアクセサリーが作りたい!」、「今作っている作品を活かせる講座は無いかな?」。教室の生徒さんや、教室に訪れる方からのそんな声にお応えして、彫金で習うにはグルっと遠回りしてしまうこの分野を、プチ彫金タイプの「シルバーラインワーク」としてまとめました。

　銀粘土で作るにも、ロストワックスで作るのにも難しい、細くて可愛いライトジュエリーから、金属の特徴を活かし、バネ性や硬化性などを使った金具など、既存の特殊ワイヤーで作るアクセサリーとは違う家庭サイズの彫金です。まずはこの本で、火を使わないところまでのシルバーラインワークを始めてみてください。金属を使ったものづくりの他、金属以外の他のものづくりと組み合わせることもできます。

　金属の加工は初めてという方も、お手持ちのビーズや石をぜひ形にしてみてください。市販のアクセサリー用金具を買うだけでは物足りなくなってしまった方も、金属の性質を知り、工具を上手に使うことでものづくりが大きく変わります。

　今までのアクセサリー作りをワンランクUPさせる方法をご紹介することで、デザインを形にする考え方、そしてその手法を少しでもお伝えできれば幸いです。

長谷川 典子

Noriko Hasegawa
長谷川 典子

有限会社テン・フォレスト 代表取締役
シルバーラインワーク作家・講師
アートクレイシルバー銀粘土技能士認定
日本貴金属粘土協会インストラクター
ガラスフュージングインストラクター

経 歴
杉野大学短期大学部生活芸術科卒業後、
ジュエリーメーカー株式会社ムラオにてデザイナー勤務
ネックレスデザインと製作を学び、フリーランスデザイナーとなる
各種教室をはじめ、ジュエリー作家活動を開始
2003年にテン・フォレストを設立し、オリジナルジュエリーメーカーとして、
また作家としてコンテストに出品を開始
ロシア琥珀製品コンクールやパールコンテスト他、各種コンテストに入賞
現在はロシア大使館主催の『大琥珀展』を中心に、琥珀ジュエリーなどを出展する

Contents

2 はじめに

6 作品紹介

13 作品製作に使用する材料と工具

23 シルバーラインワークの基本
 Tピンを使ったピアスの製作

39 作品製作

- 40 ITEM 01 パドルループピアス
- 46 ITEM 02 ミラーフックピアス
- 54 ITEM 03 ビーズ石ひねり留めペンダント
- 60 ITEM 04 連結ペンダント
- 66 ITEM 05 パールの芯立てペンダント
- 74 ITEM 06 ミラーボールリング
- 80 ITEM 07 ゴールドフィルドスパイラルリング
- 90 ITEM 08 8の字交差リング
- 97 ITEM 09 真鍮バッグチャーム
- 105 ITEM 10 ワイヤーバードブローチ
- 118 ITEM 11 リングループピアス
- 123 ITEM 12 真鍮バングル
- 130 ITEM 13 穴なしルース留めペンダント
- 139 ITEM 14 ワイヤーキャットブローチ
- 150 ITEM 15 手作りクラスプ

159 「作りたい」気持ちを支える教室 テン・フォレスト

作品紹介

Practice ITEM
Tピンを使った
ピアス
P.23

ITEM 02
ミラーフックピアス
P.46

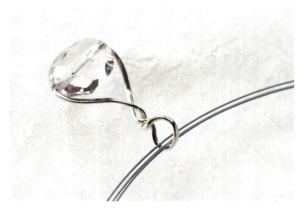

ITEM 03
ビーズ石
ひねり留めペンダント
P.54

ITEM 05
パールの芯立て
ペンダント
P.66

ITEM 07
ゴールドフィルド
スパイラルリング
P.80

ITEM 04
連結ペンダント
P.60

ITEM 06
ミラーボールリング
P.74

ITEM 13
穴なしルース留め
ペンダント
P.130

作品紹介

ITEM 01
パドルループ
ピアス
P.40

ITEM 15
手作りクラスプ
P.150

ITEM 08
8の字交差リング
P.90

ITEM 09
真鍮バッグチャーム
P.97

作品紹介

ITEM 11
リング
ループピアス

P.118

ITEM 14
ワイヤー
キャットブローチ

P.139

作品紹介

ITEM 12
真鍮バングル
P.123

ITEM 10
**ワイヤー
バードブローチ**
P.105

作品製作に使用する
材料と工具

シルバーラインワークでアクセサリーを製作する際は、アクセサリーそのものに加工する材料と、その材料を加工するための工具が必要となります。ここでは、各種のアクセサリー作りに欠かせない材料と、最低限必要となる工具を紹介します。

材料

シルバーラインワークという名前が表す通り、主要な材料は銀線ですが、銀線の他にも、金線や真鍮線などをアクセサリーにすることもできます。

● 銀線／シルバーライン

金と並んでアクセサリーの素材に用いられる、銀(Ag)を線状に引いた素材です。一般に販売されている銀製品は硬化していますが、銀線は加工しやすいように「焼き鈍し(ナマシ)」という処理が施された、「鈍し線」という非常に柔らかい状態で販売されています。そして、曲げたり叩いたりといった加工により力を加え(鍛え)、アクセサリーの形で硬化させます(これを「加工硬化」といいます)。純銀の含有量が異なる「シルバー925」と「シルバー950」の2種類が販売されていますが、加工のしやすさと硬化の(進行の)度合いから、シルバーラインワークにはシルバー950の鈍し線が適しています(※シルバー925はより一層硬化しますが、その分加工が難しくなります)。

銀鈍し線は、僅かな力が加わるだけでその部分が反応し、形が変わると共に硬化します。リールに巻かれた銀線を含め、銀線を使用する際は不用意に力を加えないように注意する必要があります。リールに巻かれた銀線を使う場合は、なるべくそのクセを伸ばさないように注意してください。また、巻きを整えて保管することも重要です

銀線をカットする際は「ニッパー」(後出)という、ワイヤーカット専用の工具を使用します

銀鈍し線は、ペンチや指先である程度自由に造形することができます。シルバーラインワークでは、この鈍し線の柔軟性を活かし、様々な形に造形してアクセサリーを製作します

ペンチや指先などで造形した銀鈍し線は、ハンマーなどの硬いもので力を加えることにより「硬化」します。また造形する形によっては、これに「バネ性」という反発する性質が加わります

● 金線／ゴールドフィルド

金線は、真鍮線の表面に金の層を圧着させた素材で、金属の表面に薄膜を被覆するめっきとは異なり、加工しても金の層が剥がれにくいという性質をもっています。一般的には「ゴールドフィルド＝金張り」と呼ばれ、「K12GF」や「K14GF」、「K20GF」と表記されて販売されています。Kの後の数値はその製品全体に含まれる金の重量を表し、12であれば1/12、14であれば1/14、金線全体の中に金が含まれています。シルバーラインワークでは銀線と同じく、柔らかく焼き鈍された鈍し線を使用します。

● 真鍮(真ちゅう)線

真鍮は銅と亜鉛の合金で、"柔らかく加工がしやすい""さびにくい"という特徴を持つため、日用品や工芸品、機械器具など、様々な用途に用いられる金属です。アクセサリーにも用いられますが、金や銀に比べて(肌に対して)アレルギー反応が起こりやすいため、加工する際や身に付ける際は注意が必要です。シルバーラインワークでは、金線や銀線と同じく、柔らかい状態の鈍し線を使用します。アクセサリー材料店の他、DIYショップなどでも入手でき、金線や銀線に比べると非常に安価なので、作品の試作や練習の材料としても重宝します。

● ビーズ／天然石

銀線や金線、真鍮線などに通し、アクセサリーに一層の彩りを添えるパーツです。お好みで自由に選ぶことができますが、製作に使用する金属線をある程度余裕を持って通すことができる、軸穴があいているものを選ぶ必要があります。

工 具

前頁で紹介した各種の材料は、主に「2種類のペンチ」と「ハンマー」、ハンマーを打つ際の台となる「アンビル」を使用して造形、加工していきます。

● 丸ペンチ・ラウンドノーズプライヤー

ペンチの先、つかんだ所に作用する箇所全体が円すい状のペンチです。先が丸いため、つかんだ金属線に傷を付けにくいという特徴を持ち、先の丸みを利用して金属線を丸く曲げたり、金属線を巻き付ける芯材のように使用することもあります。右の平ペンチと共に、シルバーラインワークで最も使用頻度の高いマストな工具のひとつです。

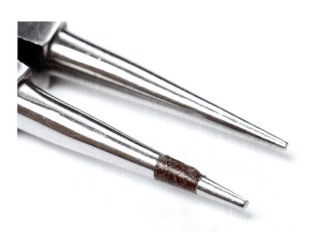

丸ペンチの先は、根元へ向かうに従って径（Φ）が太くなっています。金属線を曲げる時や巻く時、それらの箇所を一定にしたい場合は、作用させる箇所の目安となるよう、マスキングテープなどを巻いて使用します

つかんだ線を丸ペンチで直接曲げる使い方の他、つかんだ線を丸ペンチに巻き付けるという使い方もします

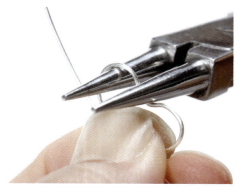

ペンチを閉じず、金属線の部分部分に掛けた状態のまま、テコの原理を利用して線を造形することもあります

作品製作に使用する材料と工具

● 平ペンチ／チェーンノーズプライヤー

左の丸ペンチに対し、物をつかむ箇所が完全な平面になっているペンチです。作用箇所の際（きわ）にある角を利用して金属線を直角に折り曲げるという使い方の他、丸ペンチや手で加工する金属線を押さえたり、金属線をつかんで締め、部分的に形を整える使い方をします。

金属線にペンチの角をあて、口を閉じて線を曲げるという使い方の他、つかんだ線を直接ペンチで曲げたり、歪んだ線を締めて形を整えるといった使い方をします

平ペンチの面を利用し、造形した金属線全体を一度につかんで曲げるという特殊な使い方もします

● ラジオペンチ

平ペンチに似ていますが、物をつかむ平面にすべり止めの処理が施されたペンチです。先端の細い所で金属線を締める工程など、平ペンチではすべって作業しにくい時、平ペンチの代わりに使用します。

左のラジオペンチに比べ、つかむ面により強固なすべり止め加工が施されたラジオペンチです。径が太い真鍮線などを加工する時に使用しますが、線に傷を付けてしまうので、使用頻度は少ない工具です。

● ニッパー

各種の金属線をカット(切断)する時に使用する工具です。製品により対応する線の種類や径が異なるので、使用する金属線に合った物を使います。

左のニッパーは一般的な刃先を持つ物で、金属線の切断面はこの写真のように、斜めに切り立つ形になります

上のニッパーと同じ金属線をカットするための工具ですが、金属線の切断面がまっすぐ整うように設計された刃先を持つ、若干特殊なニッパーです。

左のニッパーで切断した金属線の切断面。特殊な刃先形状により、切断面がまっすぐに整います。切断した線端の処理がしやすくなりますが、必ずしも用意する必要はありません

● ハンマー

叩くことで金属線に力を加え、柔らかい鈍し線を「加工硬化」によって硬化させる用途に用います。シルバーラインワークでは金属面とプラスチック面、両方の打撃面を備えたハンマーを用意し、金属面は一気に強く力を加えて硬化させたり、線を潰す際に用い、プラスチック面は金属を潰さずに硬化させたい箇所に用います。線に角をあてると傷付けてしまうため、打撃面がごく平滑で、角が丸い凸状の製品を選ぶようにしましょう。

ハンマーによっては打撃面を交換できる物もありますが、作業を進める内に取り付け部が緩むこともあるので、ゴムバンドで留める等の工夫をすると良いでしょう。また、左写真のハンマーのように打撃面の凸が大きいハンマーは、潰した線の表面に独特な打撃痕(槌目)を付けるという効果を与えることもできます

作品製作に使用する材料と工具

● アンビル・金床

ハンマーで金属線を叩く際、金属線を置く台として使用します。本誌では、写真のような円すい上の曲面・凸面を備えた「鳥口」「ツノ付き」のアンビルを使用し、中央の平面の他、これらの面を効果的に使用してアクセサリーの製作方法を解説しています。

中央の平面は、主に金属線を叩く際に使用します。横に伸びた曲面は、金属線の一部をピンポイントで叩く用途の他、線をあてて曲げたり、造形した輪を成型する用途に用います

完全な平面のみで構成されるアンビルもあります。このアンビルは、上のアンビルの天面には収まりきらない、太い真鍮線を使うような大きな作品を叩く際に使用します

● コルク板

ハンマーを打つ際の衝撃が、直に作業をする台や机、テーブル等へ伝わらないよう、アンビルの下に敷いて使用します。

左記の衝撃吸収材として使う他、金属線にヘラ(後出)を掛けて造形する際の台・下敷きとしても使用します。

19

● ヘラ

滑らかな表面の先端を備えた、硬い鉄製の工具です。シルバーラインワークでは、金属線を曲げて曲面に造形する用途の他、金属線の表面に先をあて、力を入れて動かす(しごく)ことにより硬化させる用途にも用います。

コルク板の上に金属線をのせ、ヘラの先をあてて双方を動かすことにより、金属線を滑らかに曲げることができます。本書では、この工程を「ヘラを掛ける」「ヘラ掛けする」と呼んでいます

左記の用途の他、力を入れて金属線をしごき、硬化させる用途にも用います。写真だけではその効果が伝わりにくいですが、実際に金属線をヘラ掛けすれば、硬化した感覚を実感できます

● 定規&油性ペン

作品製作に使用する金属線の長さを測り、切断する箇所を表すために使用します。また製作工程において、曲げる等の加工・造形する箇所を表すためにも使用します。

● 鉄ヤスリ

切断した金属線の端を削り、滑らかに整える用途に用います。ピアスを製作する際は特に、作品を通す耳を傷付けないよう、鉄ヤスリで丁寧に整える必要があります。

作品製作に使用する材料と工具

● ネイル磨き

作品を磨く際に使用します。細目（#400程度）と仕上げ目（#3000程度）の二面を持ち、主に仕上げ目を使用します。簡易的ですが、作品をきれいに仕上げることができます。

● 研磨道具

シルバー本来の輝きと光沢を出す場合は、研磨剤が含まれた貴金属磨き専用のクロスや、各種の研磨用アタッチメントが付けられるリューター（電動工具）等を使用します。

● リング棒

リングを製作する際、金属線を巻き付ける芯材として使用する棒です。本来は鉄製の棒を使いますが、対象が繊細な線のシルバーラインワークで、アルミ製の棒を使います。

● ポンチ

先端が鋭利に尖った、硬い金属製の工具（打ち具）です。金属線を潰して平らにし、そこにドリル刃で穴をあける際、刃先をあてるガイドとなる凹みを付けるために使用します。

● ピンバイス

先（チャック）にドリル刃を装着し、本体を手で回して穴をあけるための工具です。他にハンドドリルやリューター（電動工具）等もありますが、ピンバイスが最も手軽に使えます。

● バイス（万力）

作業台やテーブル等に固定し、物を強固に固定するための工具です。本誌では、金属線の端をこのバイスに固定し、金属線をより合わせる用途に使用します。

● 金属コーティング剤

真鍮線で作った作品に付け、表面をコーティング（皮膜を作る）することで、アレルギー反応等を和らげる目的で使います。様々な製品があるので、説明書きをよく読んでから選んでください。

材料＆工具を選ぶポイント

　ここで紹介した材料や工具類は全て、この本の監修者である長谷川氏が実際に作品製作に使用している物です。全く同じ物を揃える必要はありませんが、工具類は価格なりに品質の差があるので、作品を上手く作るためになるべく良い物を選ぶようにしましょう。
　ここで紹介した全製品は、以下で取り扱っています。

Ten・Forest
〒110-0016　東京都台東区台東3-16-9
シルバービル2F
Tel.03-3831-2307
HPアドレス　http://tenforest.com/

シーフォース株式会社
〒110-0016　東京都台東区台東4-18-11
Tel.03-6821-7776
Email　info@seaforce.co.jp
HPアドレス　http://www.seaforce.co.jp/index.html

シルバーラインワークの基本
Tピンを使ったピアスの製作

シルバーラインワークとは、柔らかい金属線をペンチや指先で造形し、それをハンマーやヘラで硬化させてアクセサリーを作るプロセスそのものです。ここでは、そんなシルバーラインワークの基本を覚えるため、一般に市販されているTピンと銀線を使用したピアスの作り方を通して基本テクニックを解説します。

TOOLS　使用する工具

シルバーラインワークの基本を覚えるこの項では、直前に紹介した工具の中で最もベーシックな、以下の工具類のみを使用して作業を進めます。

・アンビル
・コルク板
・ハンマー
・ニッパー
・平ペンチ
・丸ペンチ
・ヘラ
・油性ペン
・定規
・鉄ヤスリ
・ネイル磨き

MATERIALS　使用する材料

本項で製作する「Tピンを使ったピアス」は、パーツAとパーツB、フックピアスの3つのパーツで構成され、それぞれの材料は以下の通りです。

●パーツA
片端がクギの頭のように広がった、アクセサリー材料として市販されているシルバー製の「Tピン／Φ0.7mm」を2本と、同じくアクセサリー材料の「ミラーボール／Φ3〜4mm」2個を使用して製作します

●パーツB
上記パーツAと同じ「Tピン／Φ0.7mm」を2本と、中心に貫通穴があいた「天然石ビーズ／最大長15mm程度」2個を使用して製作します

●フックピアス
パーツAとパーツBをつなげるベースとなり、耳に直接通すフックピアス。パーツとしても市販されていますが、ここでは「銀線（SV950・鈍し線）／Φ0.7mm」を2本切り出して材料とし、シルバーラインワークで製作します

シルバーラインワークの基本

I. パーツAの製作

Tピンにミラーボールを通し、その先端にカン(鐶)を作ります。そして、パーツ全体をハンマーで叩いて硬化させ、フックピアスにぶら下げる「パーツA」を製作します。

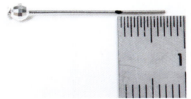

Tピンにミラーボールを通し、先端から7mmの位置に油性ペンで印を付けます

01

01で付けた印に、左写真のように平ペンチの角をあてます。そして、ペンチの口を閉じて印位置を折り曲げます。この時、平ペンチの下は動かさず、上だけを動かします

02

POINT

Tピンの印位置より下を可能な限り指先で押さえ(支え)、平ペンチの角度を変えずにそのまま口を閉じて折り曲げます。他の金属線を折り曲げる時も同じで、線の軸(付け根)をぶれさせないことがポイントです

銀線をきれいな直角に曲げるこのテクニックは、シルバーラインワークの基本となります

03

POINT

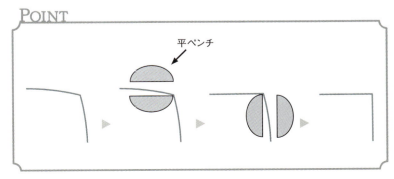

「直角」は、直線と直線が垂直に交差することでできます。銀線を直角に曲げる際は、印位置をその交差する点ととらえて折り曲げるようにします。巻かれていた銀線など、Tピンのように元から正確な直線でない銀線を直角に曲げる際は、平ペンチを閉じて印位置を直角(気味)に曲げた後、印位置の両サイドを平ペンチの幅が広い所でつかみ、締めることで歪みを正して直線にすると、印位置にきれいな直角の角を出すことができます

POINT

次は丸ペンチを使います。ピアスのように一対の作品を製作する際は、丸ペンチで曲げたり巻く箇所の径が同じになるよう、丸ペンチの使用する径の箇所にマスキングテープを巻いて目印とします

丸ペンチの先、Φ2～3mm程の箇所の側面にマスキングテープを巻き、マスキングテープ際で折り曲げたTピンの端をつかみます

04

丸ペンチを手前に返し、つかんだ箇所をほぼ垂直に上へ起こします。この時のポイントは、Tピンを押さえる指先をしっかりと曲げる箇所の付け根に添えることです

05

NG

Tピンの付け根を押さえずに曲げようとすると、丸ペンチでつかんだ箇所が曲がらず、押さえた箇所を軸にTピン全体が曲がってしまいます

つかむ端が丸ペンチよりも先に出ていると、この後でさらに曲げた際に先が余って直線が残り、きれいなカンを作ることができません

丸ペンチを持ち変え(さらに手前へ返せるよう、一旦持ち変える必要があります)、起こしたTピンの先を04と同じマスキングテープ際でしっかりとつかみます。そして、ペンチを返してTピンの先を丸く曲げます

06

シルバーラインワークの基本

POINT

06の作業をする時の手の動きは、この2枚の写真の通りです。Tピンの付け根をしっかりと押さえ、その手は一切動かさず、丸ペンチのみを手前に返してTピンの先を曲げます

05の状態から、Tピンの先を丸めた状態。カンに近い形ができていますが、このままでは端が離れているので、これを曲がり始めの付け根に合わせます

07

再びTピンの付け根を押さえ、丸ペンチの先端で曲げたカンの中心をつかみ、端を付け根へ寄せて曲げます

08

Tピンの端にカンを作り終えた状態。Tピンの端が曲がり始めの付け根に接した、この形が正しいカンです。慣れてくると、丸ペンチのみの一度の動きでカンを作ることもできます

09

カンを作ったTピンを、ミラーボール部を避けてアンビル・平面にのせます。そして、ハンマーのプラスチック面（以降、プラ面と呼びます）で、Tピンの線の丸い形を潰さない程度に叩きます。片面を叩いたら、裏面も叩きます

10

27

11 ハンマーをあてづらいミラーボール付近は、ヘラを掛けて硬化させます

もう一方も同様に製作すれば、パーツAは完成です。鈍し線のままの直線部をハンマーで叩き、さらにヘラ掛けで硬化させているため、充分な強度が出ています

● カン作りのポイント①

曲げる箇所の付け根を押さえないと、柔らかい鈍し線の直線部が曲がってしまいます

曲げる材料を持つ際は、常に指先を曲げる箇所の付け根に添えるようにします

● カン作りのポイント②

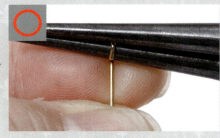

曲げる線の行き先を意識し、線の端をライン（線全体）上にのせるようにします。正面から線を見て、ペンチを手前へ返すように曲げると、曲げる線の先を確実に目で確認することができます

曲げる線の端が、線全体のラインから外れています。これでは、きれいなカンを作ることはできません

曲げた線の先がライン上にのらないと、左のTピンのようにいびつなカンになってしまいます

II. パーツBの製作

天然石ビーズを使う「パーツB」は、パーツAと同じTピンにビーズを通し、ビーズの付け根でTピンを曲げてカンを作ります。ビーズの動きを封じるカン作りがポイントです。

Tピンに天然石ビーズを通します
01

Tピンをビーズにしっかりと押しあて、その状態を保ったまま、平ペンチの角をTピンのビーズ際ぎりぎりの所にあてます。そして、パーツAのTピンを直角に曲げた時と同様、ペンチの口を閉じて直角に折り曲げます
02

POINT

02の工程を別の角度から見た写真です。Tピンとビーズを押さえる手は全く動かさず、平ペンチのみを閉じます

平ペンチの口を閉じ、Tピンをビーズ際ぎりぎりの所で折り曲げた状態
03

ビーズと平ペンチが干渉するため、一度では厳密な直角に折り曲げることはできませんが、曲げた所にビーズの軸穴部が掛かり、ビーズの動きを封じています
04

Tピンをビーズに押しあてた状態を保ち、平ペンチの面全体で折り曲げた先のTピンをつかみ、直角に折り曲げます

05

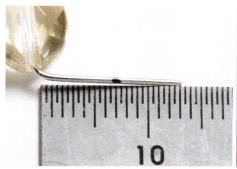

折り曲げたTピン、ビーズの付け根から7mmの位置に油性ペンで印を付けます。そして、印位置にニッパーの刃をあて、7mmを残してTピンをカットします

06

パーツA製作時の04～05と同様、Tピンの先を丸ペンチでつかみ、ペンチを手前に返してつかんだ箇所を起こします

07

丸ペンチを持ち変え、起こしたTピンの先をさらに曲げてカンを作ります。この手順も、パーツA製作時の06と同じ要領です

08

シルバーラインワークの基本

POINT

ビーズの厚みがある面を避け、可能な限り起こした先を曲げられる箇所で曲げます

ここまでの状態。パーツAのカンと同じく、現状で端が離れています

09

丸ペンチで曲げたカンの中心辺りをつかみ、端を付け根へ寄せて曲げます。この時、先端をビーズにあてないように注意します

10

Tピンの端をビーズの軸穴へ収めるように曲げると、見た目がより良くなります

11

完成

反対側も同じように仕上げれば、パーツBは完成です

NG

07の工程で、丸ペンチでつかむTピンの端が長過ぎると、カンに曲げた後で先が余り、この写真のように格好が悪くなってしまいます

02の工程でTピンをビーズにしっかりと押しあてていないと、カンの付け根がこの写真のように余り、やはり不格好になってしまいます

31

III. フックピアスの製作

銀線のみで製作するフックピアスは、銀線の切り出しから解説を始めます。市販されているパーツなので作るのは難しいと感じるかもしれませんが、意外と簡単に作れます。

銀線の巻きを伸ばしたり、途中で不用意に曲げてしまわないよう、リールから使用する分よりも多めの銀線を出します。そして、銀線の端を定規の端に合わせます

01

POINT

定規に合わせた銀線がずれないように注意しつつ、銀線に余計な力を加えないように注意して、使用する長さの40mm位置まで銀線を伸ばします

銀線の40mmの位置に、油性ペンで印を付けます

02

ニッパーを使い、印の位置で銀線をカットします

03

カットした銀線の片端を、丸ペンチの先、Φ2〜3mm程の所でつかみます。この時は、パーツA製作時の04〜05と同様にして、銀線の付け根をしっかりと押さえます

04

丸ペンチを返し、銀線の端を起こします

05

シルバーラインワークの基本

丸ペンチを持ち変え、起こした端をつかみ直してペンチを返します
06

銀線の先を、確実に銀線のライン上にのせて返し、端を丸く曲げてカンを作ります
07

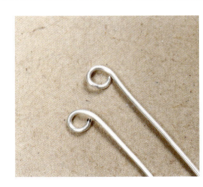

反対側も同様にし、同じ大きさのカンを作ります。ここで作るカンは、パーツAのように最初に直角に曲げていないため、一般に「9ピン」と呼ばれる、数字の9の形をしたカンになります
08

カンの付け根を、丸ペンチの最も径が太い付け根で写真のようにつかみます（※この丸ペンチの場合、付け根部分の径はΦ5～5.5mm程度です。使う丸ペンチが異なる場合は、つかむ位置を調整します）
09

カンの反対側で銀線の付け根に指先をあて、カンと反対方向に銀線を曲げます
10

丸ペンチに銀線を押しあて、巻き付けながら曲げます
11

カン側まで線を巻き付け、丸ペンチでつかんだ先の銀線をU字に曲げます

12

ここまでの状態です。カンに巻き付けて作ったU字部分が、耳にかかる部分になります

13

アンビル・平面上に、先に作ったカンとU字に曲げた部分をのせ、ハンマー・プラ面で線の丸みをつぶさないように叩き、硬化させます

14

片面を叩いたら、反対側も同様に叩きます

15

ヘラ掛けも併用し、アンビル上にのせた部分を確実に硬化させます

16

Point

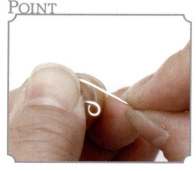

U字部分を指先で押さえ、直線部をカン側に向けて軽く曲げます。U字部分を硬化させているので、直線部の付け根にバネ性が出てまっすぐに曲がります

直線部を曲げた状態です。左記の作業により、カンの付け根部分が斜めにU字の内側に向きます（13と見比べると、その効果がよく分かります）

17

シルバーラインワークの基本

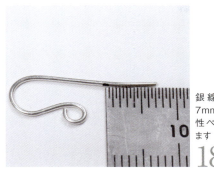

銀線の先端から7mmの位置に、油性ペンで印を付けます

18

印位置に平ペンチの角をあて、直角よりも浅い45度程度に、角を出して折り曲げます

19

基本の直角曲げと同じ要領で折り曲げますが、完全な直角になるまでは曲げません

20

銀線の端を、7mmの位置で45度に折り曲げた状態です。一般的によく見る、フックピアスの形になりました

21

45度に折り曲げた所を、ハンマー・プラ面で叩いて硬化させます。片面を叩いたら、反対側も同様に叩きます

22

POINT

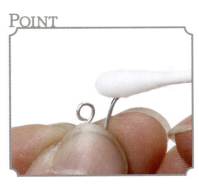

油性ペンで付けた印は、綿棒等の先にアルコールや除光液等を染み込ませて拭き取ります。これは、先に製作したパーツA/Bも同様です

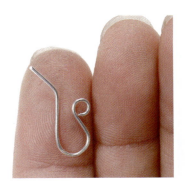

次は、フックピアスの端を整えます。先端が僅かに出る程度に指先にのせ、先端以外を完全に押さえます

23

35

先端の切り端に、垂直に鉄ヤスリを掛けて平らに均します。次に、均してできた角へ斜めに鉄ヤスリを掛けて面取りします

24

POINT

鉄ヤスリで面取りをしても、耳に傷をつけてしまう細かい凹凸が残ってしまいます。これを消すため、アンビル・平面上で丁寧にヘラを掛け、細かい凹凸を完全に潰して平滑に均します

最後に、平滑に均した切り端を光沢が出るまでネイル磨きで磨き、さらに細かい凹凸を潰します

25

注意
● ピアスの針先は確実に処理

当たり前のことですが、ピアスは耳にあけた穴に通して装着します。耳の穴にピアスの針を通す時、その先端が荒れていると耳に傷を付けてしまいます。先端が荒れているということは、そこに無数の凹凸があり、保管状態によってはその凹凸に雑菌が溜まります。そのような先端で耳に傷を付けると重篤な事態になる恐れもあるので、針先は徹底的に均して磨くようにしてください。

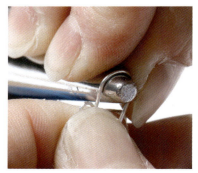

先端を磨き終えたら、アンビル・曲面の突起部にU字部分を合わせ、形をきれいに整えます

26

反対側も同様に仕上げれば、フックピアスは完成です

Ⅳ. パーツを組み合わせる

パーツAとパーツB、そしてフックピアスを完成させたら、フックピアスのカンを広げ、そこにパーツAとパーツBを接続し、カンを閉じてTピンを使ったピアスを完成させます。

フックピアスのカンを、平ペンチを使って開きます。平ペンチでカンを写真のようにつかみ、線に対して垂直に持ち上げて開きます

01

開いたカンに、パーツAとパーツBを順に合わせます

02

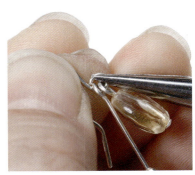

パーツAとパーツBのカンを避け、開いた時と逆の手順でフックピアスのカンを閉じます

03

完成

以上で、Tピンを使ったピアスは完成です。ミラーボールを付けたパーツAとビーズを付けたパーツBは、カンに下げて使用することから、「ぶら下がりパーツ」とも呼びます

シルバーラインワークの基本

VARIATION バリエーション

Tピンでミラーボールや石を留めるテクニックや、基本的なカンの作り方、そしてフックピアスの作り方をマスターすれば、そのテクニックを応用して様々なアクセサリーを作ることができます。

変形したフックピアスに、Tピンで作った長さの異なるぶら下がりパーツと、チェーンを使用したぶら下がりパーツを合わせた作品

Tピンに付ける装飾素材を様々に変え、それらをひとまとめにペンダントベースに合わせた作品。この作品のペンダントベースも、シルバーラインワークで作っています

作品製作

直前の「シルバーラインワークの基本」で解説した基本テクニック、銀線を"曲げる"と"叩く"工程を中心に、作品によってはプラスアルファのテクニックを盛り込み、合計15点の可愛らしいアクセサリーの製作方法を解説していきます。簡単な作品もあれば、やや難易度の高い作品もありますが、繰り返し銀線に触れ、慣れていけばきっと上手く作れるようになります。

マークの見方

 ハンマーで各種金属線を叩く工程の写真に、左のハンマーのマークが付いています。

 平ペンチや丸ペンチで、各種金属線をつかむ・曲げるという工程の写真に付いています。

 ペンチを使わずに、指先を使って各種金属線を曲げる工程の写真に付いています。

ITEM 01　パドルループピアス

クリスタルビーズ（スワロフスキー）を前面にあしらった、大柄なループ型のピアス。石の留め方は様々ありますが、この作品では銀線の端をパドル＝櫂（かい：ボートを漕ぐ道具）状に潰し、ビーズを介してシンプルに留めています。

MATERIALS　使用する材料

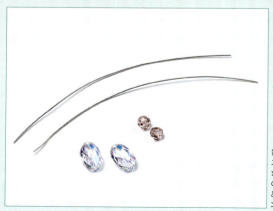

- 銀線（Φ0.7mm）120mm×2本
- クリスタルビーズ小（Φ5〜6mm）×2個
- クリスタルビーズ大（長さ12〜13mm）×2個

銀線の長さやクリスタルビーズの大きさは好みで変更できますが、装着時に前後で重量のバランスが取れ、また耳たぶと肩の間に収まるようデザインする必要があります

TOOLS　使用する工具

- 平ペンチ
- アンビル
- コルク板
- ハンマー
- 鉄ヤスリ
- ヘラ
- 定規
- 油性ペン
- ネイル磨き

パドルループピアス ITEM 01

01 アンビル・平面に銀線の端をのせ、ハンマー・金属面で叩きます

02 銀線の先端のみをハンマーで叩き、平らに潰します

CHECK

銀線の先端を叩くことで、端を末広がりに広げます。1本を叩き終えたら、残りの1本も同様に叩き、端を同じように広げます

POINT

03 各銀線にビーズを通し、止まる位置が一様か確認。ずれている場合は、どちらか一方を叩き調整します

04 広げた箇所の縁を鉄ヤスリで整え、耳に通す銀線の反対端を、基本作品と同様に仕上げます

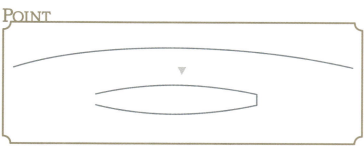

POINT

05 ここからは、銀線にアール（曲面）を付けて成形します。この時、銀線に巻かれていた跡の「反り（曲面）」がある場合は、その反りに逆らわず、その元の反りが前後対称になるよう成形していきます

06 潰した箇所の付け根から、おおよそ30mmの範囲（ビーズ大小が収まる箇所）にヘラを掛けます。まずは、反りに逆らわない2側面にヘラを掛けます

07 銀線の反った側面を上に向け、反りを正さないようにヘラを掛けます

POINT

08 平面（コルク板）上でヘラ掛けできない反りの裏側は、アンビル・曲面上でヘラ掛けします

09 銀線に小→大の順でビーズを通し、潰した先端から60mmの位置に油性ペンで印を付けます

10 印に平ペンチの端を合わせ、ビーズ側の銀線をつかみます

11 つかんだ印位置の下にしっかりと指をあて、銀線（耳に通す側）を付け根から直角に折り曲げます

12 銀線が平ペンチに接するまで、完全に折り曲げます

13 平ペンチを90度返し、ビーズ側を下にします（写真左）。平ペンチの端を折り曲げた角に合わせ、11で曲げた銀線をつかみます

↓ビーズ

14 平ペンチをグッと締め、指で曲げた箇所の歪みを整えます。このひと締めにより、折り曲げた角のラインが明確に出ます

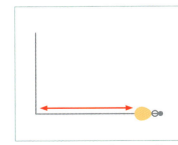

15 矢印で表した範囲をヘラ掛けし、緩いアール（曲面）を付けます

パドルループピアス **ITEM 01**

16 折り曲げた銀線を垂直に上へ向け、ビーズの上端をコルク板の端にあててヘラを掛けます。一定の力でヘラを押し付けながらスライドさせ、徐々に緩やかなアールを付けていきます

17 コルク板の端を上手く使い、写真のようなアールを付けます

18 程よく緩いアールを付けたら、ヘラ掛けした箇所をハンマー・プラ面で叩きます。ビーズを写真のように逃し、両側面を叩きます

19 直角に折り曲げた角の部分のみ、ハンマー・金属面で叩きます

CHECK

ここまでの状態。対で装着するピアスのような作品は、それぞれのアウトラインが一様に揃うよう、バランスを見ながら主要な工程を並行して進めます

20 耳に通す側、直角に折り曲げた角から7mmの位置に印を付けます

21 平ペンチの幅一杯を使い、角から印位置の範囲をつかみます

22 11と同様にして、印位置で銀線を直角に折り曲げます

23 折り曲げた箇所を平ペンチで締め、歪みを整えます

43

24 両角の間を平ペンチで締め、さらに形を整えます

25 22で折り曲げた角から先、銀線の耳に通す範囲にヘラを掛けてアールを付けます。この時は写真のように、角を奥にして手前へ向けてヘラを掛けます

26 耳に通す先端部と反対端のビーズを僅かにずらし、バランスを見ながら緩いアールを付けます（※強く押し付けるとアールがきつくなるので、注意してください）

27 アンビル・平面上で、ビーズから角の範囲にヘラを掛けます

28 左右を同時に進め、両方のバランスを見ながら全体の細かい歪みを整えます

29 アールを付けた耳に通す範囲を、ハンマー・プラ面で叩きます

30 仕上げに、全体をネイル磨きで磨きます

完成

以上で、パドルループピアスは完成です

パドルループピアス ITEM 01

VARIATION バリエーション

線の端を叩いて広げ、ビーズや天然石等、軸穴のあいたパーツを留める方法は様々なアクセサリー作りに活用できます。ピアスの他、ペンダントトップ等に用いても良いでしょう。

ピアスのベースとぶら下がりパーツを別にデザインし、ぶら下がりパーツにビーズを留めた作品

石を留めたぶら下がりパーツをバチカンに合わせ、ペンダントトップに仕立てた作品。叩いて広げた線を、そのままパーツとして使用することもできます

ARRANGE アレンジ

ビーズの穴が大きいと、線の端を広げても通り抜けてしまうことがあります。そのような場合は、以下の方法で留めることもできます（※使用する線とビーズの穴により、限度はあります）。

線の端から3〜4mm程の位置に印を付けます

アンビル・曲面の頂点に印をのせ、ハンマー・金属面で叩きます

写真のように、印部分とその両脇のみを平らに潰します

潰した箇所の中心を丸ペンチでつかみ、90度起こします

丸ペンチを持ち変え、さらに折り返します

平らに潰した箇所で、線の先を折り返した状態です

折り返した箇所の幅で、ビーズを留めることができます

ITEM 02 ミラーフックピアス

ベーシックなフックピアスに、クリスタルビーズを留めたリングパーツを下げた作品。フックピアスのパーツを留める箇所にミラーボールを使うのがポイントで、他の様々なぶら下がりパーツを接続するベースとしても活用できます。

MATERIALS 使用する材料

フックピアス
- 銀線（Φ0.7mm） 40mm × 2本
- ミラーボール （Φ2〜3mm） × 2個

ぶら下がりパーツ
- 銀線（Φ0.7mm） 30mm × 2本
- ビクリスタルビーズ （Φ4〜5mm） × 2個

TOOLS 使用する工具

- 平ペンチ
- アンビル
- コルク板
- ハンマー
- 鉄ヤスリ
- ヘラ
- 定規
- 油性ペン
- ネイル磨き

● フックピアスの製作

01 40mmの銀線の中心、20mm位置に油性ペンで印を付けます

02 アンビル・曲面を使い、耳にかける位置の丸みをつけます。左右で同じ丸みを付けるため、曲面の7～8mm幅の位置に油性ペンで印を付けます

03 アンビル・曲面の印に銀線の印を合わせ、銀線を「U字」に曲げます

CHECK

U字に曲げた銀線。もう1本の銀線も、同様に曲げておきます

04 U字に曲げた銀線をアンビルにのせ、曲げた箇所のみをハンマー・プラ面で叩きます。この時、曲げた箇所が開かないよう、銀線の両端を押さえて叩きます

05 U字が歪んでいる場合は、アンビル・曲面も使って叩きます

06 銀線の一方、端から6mmの位置に油性ペンで印を付けます

07 アンビル・曲面の印に銀線の印を合わせ、軽く曲げてフックピアス後部の形を作ります。後でミラーボールを通すため、ミラーボールが通る程度に曲げておきます

08 銀線の直線部を押さえ、ハンマー・プラ面で曲げた箇所を叩きます

ここまでの状態。ハンマー・プラ面で叩くことにより、曲げた2ヵ所にはバネ性と硬度が出ます。ここからは、力を加えていない（鈍し線のままの）直線部を加工していきます

09 直線部、端から1mmと2mmの位置に油性ペンで印を付けます

10 2mmの印をアンビル・曲面の頂点にのせ、印のみをハンマー・金属面で叩き、平らに潰します。これにより、先端から1mm印位置もわずかに潰れます

11 銀線の端より1mmの印位置を平ペンチでつかみ、90度起こします。この時は平ペンチの先端でなく、線の端全体をつかめる幅が広い面でつかみます

潰した箇所を90度起こした状態

ここまでの状態。もう一方の銀線も、同様に進めます

12 次は平ペンチの先端を使い、起こした先端をさらに折り返します

ミラーフックピアス ITEM 02

13 平ペンチの幅が広い直を使い、折り返した箇所をさらに軽く二つ折りにします

潰した銀線の端を二つ折りにした状態

14 先に成形した耳に通す側より、ミラーボールを通します。反対端まで取り回し、二つ折りにした部分を穴に食い込ませてミラーボールを留めます

二つ折りにした線の端の幅により、ミラーボールを留めることができます

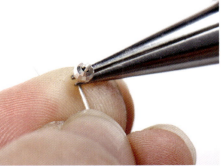

平ペンチの先端、おおよそ2〜3mm幅の所でミラーボールの付け根をつかみ、90度弱起こします。上2枚の写真のように平ペンチを返して起こします

15

ミラーボールの付け根をつかんだ平ペンチはそのままに、ミラーボール側を指先でさらに折り曲げます

16

HINT

指先だけで充分な力を掛けられない場合は、別に平ペンチを用意して折り曲げます。このときはミラーボールを傷付けないよう、先端にビニールテープを貼っておきます

平ペンチでつかんでいた箇所にミラーボールの動き代（しろ）が残っているので、曲げた箇所を僅かに起こし、ボールの縁から緩やかにカーブを付けます

17

NG

ボールの縁を極端に曲げてしまうと、後でぶら下がりパーツを合わせる余地が無くなります

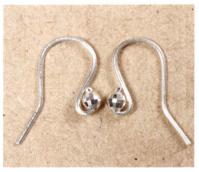

残りも同様に仕上げれば、一対のフックピアスは完成です

18

● **ぶら下がりパーツの製作**

30mmの銀線の中心、15mm位置に油性ペンで印を付けます

01

02 銀線の両端、端から2mm位置にも油性ペンで印を付けます

03 01の印をアンビル・曲面、10mm幅程の所に合わせて折り曲げます

ミラーフックピアス ITEM 02

CHECK
銀線をアンビル・曲面に合わせ、写真のような輪に近い状態に折り曲げます

04 端に付けた印に平ペンチの角をあて、円の内側に向けて直角に折り曲げます

05 この写真のように折り曲げます

06 反対側の端も、印位置を同様にして折り曲げます

CHECK
両端の印位置を折り曲げることで、銀線の端を向き合わせ、馬蹄形に近い輪を作ります

POINT
07 向き合わせた銀線の両端を押さえ、アンビル・平面上で曲げた曲線部をハンマー・金属面で叩きます。端から均一に叩き、全体を軽く平らに潰します

CHECK
折り曲げた両端付近を除き、銀線の曲線部を叩いた状態

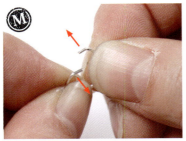

08 右写真の矢印で表した箇所を軸に、両端の合わせ面をずらして広げます

09 開いた銀線の片端に、ビーズを合わせます

10 残りの片端もビーズに合わせます

11 ビーズの軸穴に銀線を寄せて押さえ（左写真）、その状態を保ったままアンビル・平面上にのせ、ハンマー・金属面で曲線部を叩きます

CHECK
銀線の両端を押さえて叩くことにより、輪が閉じた状態で銀線が硬化し、ビーズをしっかりと留めることができます

12 叩いた箇所を含め、銀線をネイル磨きで磨きます

● 各パーツを合わせる

13 もう一方も同様に仕上げれば、ぶら下がりパーツは完成です

01 ビニールテープを貼った平ペンチの先で、ピアスフックのミラーボール部を開きます。ぶら下がりパーツをミラーボール付け根に収めます

02 同じ平ペンチで、開いたミラーボール部を閉じます

以上でミラーフックピアスは完成です

Variation バリエーション

このデザインのピアスは、ぶら下がりパーツに留める石や銀線の輪の大きさを変える他、フックピアスのぶら下がりパーツを留める箇所のデザインを変更するといったアレンジができます。

フックピアスのミラーボール部、ぶら下がりパーツを収める箇所をアレンジした作品です

フックピアスはそのままに、ぶら下がりパーツを別のデザインに変更した作品です。ぶら下がりパーツは様々なデザインにアレンジできるので、他の作品よりヒントを得て、色々な組み合わせを楽しんでください

ITEM 03　ビーズ石ひねり留めペンダント

ビーズや天然石等、装飾素材の存在感をシンプルに際立たせる作品です。ビーズや石の留め方といえばフレームの使用が一般的ですが、ここでは、銀線を軸穴に通し、接着剤を使わずスマートに留める方法を解説します。

MATERIALS　使用する材料

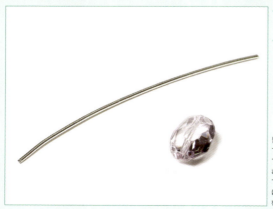

- 銀線（Φ1.0mm）70mm×1本
- 天然石（アメジスト）（長さ10〜15mm）×1個

留める石は、軸穴があいていて銀線が通れば、どのような石でもOKです。また、銀線の長さは留める石の大きさによって変更します。小さい石であれば、50mm程度の長さの銀線を使います

TOOLS　使用する工具

- 丸ペンチ
- 平ペンチ
- アンビル
- コルク板
- ハンマー
- 鉄ヤスリ
- ヘラ
- 定規
- 油性ペン
- ネイル磨き

ビーズ石ひねり留めペンダント **ITEM 03**

01 70mmの銀線の中心、35mm位置に油性ペンで印を付けます

POINT

02 銀線の両端、端から4～5mmの位置にも印を付けます。この数値は、付ける石の大きさや重さによって調整します（※50mmの銀線で小さい石を留める場合は、2～3mmの位置に印を付けます）

03 銀線中心の印をアンビル・曲面、20mm幅程の頂点にのせ、ハンマー・金属面で軽く叩き平らに潰します（右写真の程度）

04 アンビル・平面上でさらに叩き、写真の程度まで潰します

05 丸ペンチ・Φ5mm程の位置で、銀線の潰した印をつかみます

06 印位置を中心に分かれた銀線を、丸ペンチの軸に沿わせて折り曲げます

07 銀線が平行になるまで折り曲げ（左写真）、そこからさらに折り曲げて交差させます

08 銀線が交差する箇所を丸ペンチに寄せ、巻き付けてカンを作ります

09 銀線をさらに折り、平行にします

CHECK

ここまでの状態。丸ペンチに巻き付けて作ったカンが、バチカンになります

10 銀線中心のカンを、丸ペンチの径一杯の所でつかみます

11 丸ペンチでつかんだカンを軸に、交差させた銀線を水平に90度ひねって曲げます

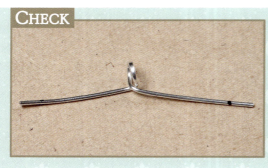

CHECK

カンに対し、交差させた銀線を90度ひねった状態

12 カンを指先でつかみ、各銀線のカンの付け根部分を、親指の腹でなだらかに軽く曲げます

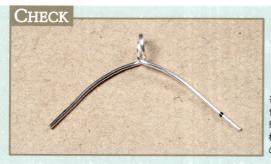

CHECK

各銀線のカンの付け根を曲げた状態。曲げるのは付け根だけで、各銀線の先は曲げません

13 銀線の端、印位置までの範囲を平ペンチの広い面でつかみます

ビーズ石ひねり留めペンダント ITEM 03

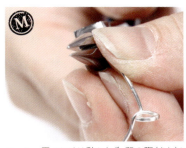

14 平ペンチは動かさず、印の際(きわ)に指をあてて直角気味に曲げます

15 反対端も同様に曲げます

CHECK 銀線の両端を曲げた状態

16 平ペンチを持ち変え、指で曲げた箇所を締めて直角を出します

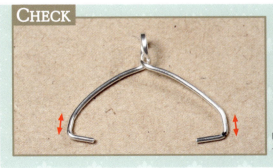
CHECK 16では、矢印で表した範囲を平ペンチで締めます

17 カンの付け根から16でつかんだ角の手前までの範囲を、ハンマー・金属面で叩いて潰します

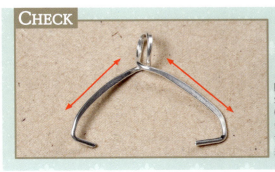
CHECK 17では、矢印の範囲をハンマーで叩きます。叩くことにより曲げた箇所の向きが若干変わりますが、そのままで問題ありません

18 直角に曲げた銀線の片端に、石を合わせます

19 残りの片端を平ペンチでつかみ、同様に石へ合わせます

20 銀線を指で閉じて石を押さえ（叩いたことでバネ性が出ているため、指で閉じなければ石は収まりません）、カンにヘラを通します

21 銀線を閉じたまま、ヘラでカンを90度、11と同じ方向にひねります

22 カンをひねることで銀線の口（石を留めている両端）が閉じ、石が留まります。次は、カンを丸ペンチの径一杯の所でつかみます

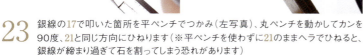

HINT

左記23の工程は、各ペンチをこの写真のように持って進めます

23 銀線の17で叩いた箇所を平ペンチでつかみ（左写真）、丸ペンチを動かしてカンを90度、21と同じ方向にひねります（※平ペンチを使わずに21のままヘラでひねると、銀線が締まり過ぎて石を割ってしまう恐れがあります）

CHECK

石をしっかり留めると共に、石に対するカンの向きが変わり、ネックレスチェーンを通した際に石が正面を向くようになります

24 丸ペンチを写真のようにあて、矢印の方向に動かして傾いたカンを真っ直ぐに起こします

25 さらに、石を両サイドから押さえた状態でカン直下のひねった箇所を丸ペンチで締め、形を整えます

26 石を正面から見て、カンの角度を丸ペンチでバランスよく整えます

27 最後に、ネイル磨きで銀線全体を磨きます

 完成

以上で、ビーズ石ひねり留めペンダントは完成です

VARIATION バリエーション

天然石をはじめとする石やビーズは、様々な方法で留めることができます。ここでは、バチカンと石留めを別にデザインした作品と、石留め自体をデザインの一部にした作品を紹介します。

石留めの銀線とバチカンを別にデザインした作品。装着した際、身体の動きに合わせて石が自然に動きます

石留めの銀線を石の前側に回し、ミラーボールを合わせることで銀線自体をデザインの一部に加えた作品です

ITEM 04　連結ペンダント

銀線をU字型に曲げ、ミラーボールやクリスタルビーズを通したパーツを連結させて作るペンダントです。曲げた銀線を部分的に叩いて硬化させ、端にカンを作って接続する、シルバーラインワークの基本が詰まった作品です。

MATERIALS　使用する材料

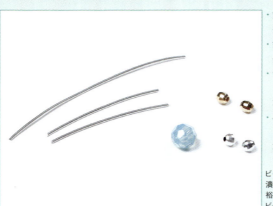

- 銀線（Φ0.7mm）長さ50mm × 1本
- 銀線（Φ0.7mm）長さ30mm × 2本
- クリスタルビーズ（Φ6mm）× 1個
- ミラーボール（Φ3〜4mm）× 4個

ビーズを通した銀線を平らに潰すため、使用する銀線が余裕を持って通る軸穴があいたビーズ類を用意します

TOOLS　使用する工具

- 丸ペンチ
- 平ペンチ
- アンビル
- コルク板
- ハンマー
- 鉄ヤスリ
- ヘラ
- 定規
- 油性ペン
- ネイル磨き

連結ペンダント ITEM 04

● 下パーツの製作

01 50mmの銀線の中心、25mm位置に油性ペンで印を付けます

02 付けた印をアンビル・曲面、10〜12mm幅程の所に合わせて折り曲げ、右写真のようなU字にします

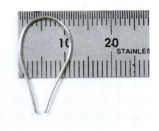

03 端が開かないように銀線の両端を押さえ、両端10mm以外の範囲をハンマー・金属面で叩きます。ミラーボールが通る余地を残し、銀線が軽く潰れるまで叩きます

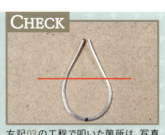

CHECK

左記03の工程で叩いた箇所は、写真内の赤線より下の範囲です

04 丸ペンチの先で銀線の端をつかみ、90度起こします

05 丸ペンチを持ち変え、90度に起こした箇所をさらに曲げてカンを作ります。このカンは、先に作ったU字に対して垂直に作ります（下のCHECK参照）

06 残りの片端から、ミラーボールを順に3個通します

CHECK

ここまでの状態。05で作るカンは、U字に対し写真のような状態にします

07 ペンチが干渉しないように銀線の向きを変え、残りの端を04と同様、丸ペンチの先で90度起こします

08 丸ペンチを持ち変え、90度に起こした箇所をさらに曲げて05のカンと対になるカンを作ります

CHECK
ここまでの状態。2つのカンが対称になるよう、バランスよく作ります

09 2つのカンの両側面を、ハンマー・プラ面で叩きます（左写真）。続けて、カンの付け根、03で叩いていない箇所をハンマー・金属面で叩き、軽く潰します

10 ミラーボールを避けつつ、銀線全体をネイル磨きで磨きます

CHECK
以上で下パーツは完成。次に作る中パーツも、基本的な作り方はこの下パーツと同様です

● 中パーツの製作

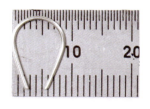

01 30mmの銀線の中心、15mm位置に油性ペンで印を付けます

02 付けた印をアンビル・曲面、8mm幅程の所に合わせて折り曲げ、右写真のようなU字を作ります

連結ペンダント **ITEM 04**

03 端が開かないように銀線の両端を押さえ、両端10mm以外の範囲をハンマー・金属面で叩きます。ミラーボールが通る余地を残し、銀線が軽く潰れるまで叩きます

CHECK

左記03の工程で叩いた箇所は、写真内の赤線より下の範囲です

04 下パーツと同様にして、銀線の片端にカンを作ります

05 下パーツ片側のカンに中パーツを通し、中パーツにミラーボールを通します(左写真)。そして、下パーツの対になるカンに、中パーツを通します(右写真)

06 05の状態で、中パーツの残りの銀線の端にカンを作ります

07 下パーツと同様、中パーツのカンとその周辺をハンマーで叩きます

08 接続した下パーツに合わせ、中パーツのカンの向き整えます

中パーツのカンの向きを整えた後、ネイル磨きで磨けば、中パーツは完成です。下パーツと接続した、写真の状態に仕上がります

● 上パーツの製作〜完成

01 30mmの銀線にビーズを通し、銀線の中心に合わせます。中心に置いたミラーボールの両脇で、銀線を同時に軽く曲げます

02 ビーズを中心に、銀線をこの写真のように曲げます

POINT

03 ビーズの両脇、銀線の曲げた箇所をハンマー・金属面で叩きます。直線部を叩かないように注意し、曲げた箇所のみをピンポイントで叩きます

04 銀線の片端に、下パーツや中パーツよりひと回り大きなカンを作ります。このカンがバチカンになるので、通すネックレスチェーンに合わせて大きさを調整します

05 残りの銀線の端にも、同じ大きさのカンを作ります

06 作った両方のカンを、ハンマー・プラ面で叩きます

07 カンの口を平ペンチで閉じ、カンの形を整えます

08 以上で上パーツは完成です。次は、これを中パーツと接続します

連結ペンダント ITEM 04

09 平ペンチを使い、中パーツの各カンを右写真のように開きます

10 開いたカンに上パーツの、ビーズ両脇の銀線を合わせます

11 中パーツの各カンを閉じます

完成

以上で、連結ペンダントは完成です

VARIATION バリエーション

石やミラーボールを通した、複数のパーツを接続して作るペンダントトップ。各パーツのデザインやサイズ、石の大きさ、接続するパターンを変えることで、イメージの異なる作品が作れます。

3つの大きなパーツを横並びにつなげ、中心のパーツに小さな石を通したパーツを下げたペンダントトップ。ネックレスチェーンの中心にビーズを通し、全体のバランスを取った作品です

ITEM 05 パールの芯立てペンダント

Φ1mmの銀線で作るペンダントベースに、Tピンを使って片穴のパールを留めるシンプルな作品です。銀線の端を潰してパドル状にし、そこに穴をあけてTピンを通すテクニックは、様々なアクセサリー作りに役立ちます。

MATERIALS 使用する材料

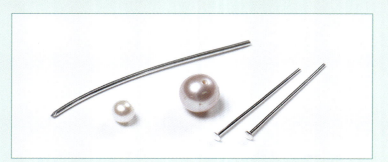

- 銀線（Φ1.0mm） 40mm×1本
- Tピン（Φ0.7mm）×2本
- 片穴パール（Φ7.0mm弱／4.0mm弱）×各1個
- Cカンまたは丸カン（写真の他に用意）

TOOLS 使用する工具

- 丸ペンチ
- 平ペンチ
- アンビル
- コルク板
- ハンマー
- 定規 & 油性ペン
- ピンバイス
- 金属用ドリル刃（Φ0.7〜0.8mm）
- 二液性接着剤 & 爪楊枝
- セロハンテープ
- ニッパー
- ネイル磨き

パールの芯立てペンダント ITEM 05

01 銀線の端から25mmの位置に、油性ペンで印を付けます

02 アンビル・曲面、先端に近い5mm幅程の所に銀線の印を合わせ、U字に曲げます

03 U字の内側が約5～6mmになるように曲げます

CHECK

銀線をU字に曲げた状態。曲げて分かれた先の銀線の長さは、この写真のように異なります

04 丸ペンチの付け根、径が最も太い所で銀線の端をつかみ、U字の内側に向けてごく僅かに曲げます

05 反対側の端も同様に、U字の内側に向けてごく僅かに曲げます

CHECK

銀線の両端を、U字の内側に向けて僅かに曲げた状態

06 長い銀線と大きいパールの端を揃え、穴位置を確認します

07 大きいパールの穴位置を、油性ペンで銀線に印します

08 小さいパールも同様、端を揃えて短い銀線に合わせ、穴位置を油性ペンで印します

09 付けた印位置をアンビル・曲面の頂点にのせ、ハンマー・金属面で叩いて軽く潰します。そしてさらに、アンビル・平面上で叩いてパドル状に潰します

10 片側を潰したら、もう片側も同様に潰します

CHECK
U字に曲げた銀線の両端を、パドル状に潰した状態

11 大小の各パールを、端を揃えて潰した箇所に合わせます。そして、あらためてパールの穴位置を確認します（叩くことによって銀線が伸び、印位置がずれます）

12 油性ペンを使い、各パールの穴位置を再度明確に印します

13 付けた印の中心にポンチの先端を合わせ、ハンマーで軽く叩いて跡を付けます。この跡は、次にドリル刃で穴をあける際のガイドとなります

パールの芯立てペンダント ITEM 05

CHECK 印に付けたポンチ跡。ポンチで跡を付けておくと、ドリル刃を合わせた際に刃先が安定し、印位置へ正確に穴をあけることができます

14 ドリル刃をセットしたピンバイスを回し、ポンチで跡を付けた印位置に穴をあけます

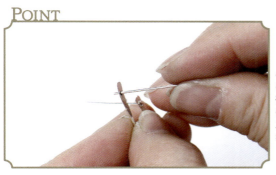

POINT 各印位置に穴をあけたら、Tピンが通ることを確認します。Tピンが通らない場合は、1サイズ大きなドリル刃で穴を拡大します

15

16 01で付けた印位置を、丸ペンチの付け根でつかみます

17 長い銀線を短い方へ曲げ、2本を交差させます

CHECK 2本の銀線を交差させた状態。写真の面が表面(パール面)になり、長い銀線を短い銀線の前にします。輪になる部分は丸ペンチに巻き付けず、写真のような(逆)しずく型にします。

18 銀線の両端をしっかりと押さえ、交差した箇所を除いた輪の部分を、ハンマー・プラ面で叩きます

19 銀線両端の穴位置を丸ペンチでつかみ、表面に向けて軽く曲げます

69

20 各パールの側面に、潰した面が軽く沿う程度に曲げます

CHECK

ここまでの状態。両端の軽く曲げた箇所は、各パールを据える座面となります

21 二液性の接着剤を少量出し、爪楊枝の先でよく混ぜ合わせます

22 パールの座面裏からTピンを通し、Tピン付け根と座面裏に接着剤を塗ります。Tピンの付け根を完全に座面へ合わせ、上からセロハンテープを貼って固定します

23 大きいパールを長い銀線のTピンに奥まで収め、収まった穴の際（きわ）に油性ペンで印を付けます。そして、Tピンの端から印までの長さを測ります（ここでは4mm）

24 同じTピンの付け根より、測った長さの位置に印を付けます

25 小さいパールも同様に長さを測り、Tピンの付け根に印を付けます

26 ニッパーを使い、Tピンの印部分をカットします（印が残らないようにカットします）

パールの芯立てペンダント ITEM 05

CHECK
Tピンをカットした状態。接着剤が乾くまで、セロハンテープはそのままにしておきます

27 カットして残ったTピンの中心部を丸ペンチでつかみ、締めて軽く潰します。潰してできた面は、パールを留める際の接着力を高める役割を果たします（※潰し過ぎるとパールに収まらなくなるので、仮合わせして確認し、収まる程度に潰します）

潰す→

28 Tピン全体に、二液性の接着剤を塗ります

29 パールの穴の中に、穴径よりも細い線を使って二液性の接着剤を詰めます

30 各パールを、適合するTピンに合わせて接着します

31 はみ出した接着剤を綿棒等で取り除き、裏面のTピンと同様、セロハンテープを貼って固定します

32 接着剤の説明書きに従い、完全硬化を待ちます

33 接着剤が完全に硬化したら、セロハンテープを剥がします。そして、はみ出した接着剤を爪先で可能な限り取り除きます

34 カットした綿棒の軸や除光液等を併用し、はみ出した接着剤を完全に取り除きます

35 丸ペンチの先を使い、パールから離れた座面をパールに沿わせて曲げます

36 パールをセロハンテープで保護し、ネイル磨きでパールの座面周辺を磨きます

37 輪の部分も、同様に磨きます

CHECK

ここまでの状態。本体の製作工程は、ここまでで終了です。次はCカンを装着します

38 Cカンの口を上に向け、カンの側面を2つの平ペンチでつかみます

39 Cカンは、可能な限り平ペンチの広い面を使ってつかみます

40 Cカンの口の対称点を軸に、片方の平ペンチを固定したまま、もう片方の平ペンチを動かして口を開きます

パールの芯立てペンダント ITEM 05

41 Cカンを輪に掛けます

42 ペンダントトップを避け、Cカンを開いた直後と同様に2つの平ペンチでつかみます

43 Cカンを平ペンチで閉じ、口をぴったりと揃えます

完成

以上で、パールの芯立てペンダントは完成です

VARIATION バリエーション

銀線を叩いて潰し、そこに穴をあけて座面を作れば、Tピンで片穴のパールや石等を留めることができます。この方法は太い銀線にも有効なので、様々なアクセサリー作りに活用できます。

渦を描くように銀線を巻き、その中心にパールを、そしてもう一方の端にビーズを留めた作品

銀線のみを曲げた複雑な造形と、大小で対称的なパールを同時に表現したペンダントトップ

ITEM 06 ミラーボールリング

Φ0.7mmの銀線に小さなミラーボールを合わせた、シンプルで可憐なリング。交差させた2本の銀線にミラーボールを通し、銀線の両端をリボンのようにまとめます。この作品製作で、リング棒の基本的な使い方も覚えられます。

MATERIALS 使用する材料

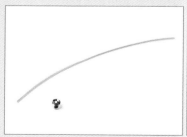

- 銀線（Φ0.7mm）85mm × 1本
- ミラーボール（Φ4mm）× 1個

ここでは9号サイズのリングを製作します。これより大きいサイズのリングを製作する場合は適宜、銀線を5mm程度ずつ長く用意してください。ミラーボールは、使用する線材2本が余裕を持って通る大きさの穴を備えている必要があります

TOOLS 使用する工具

- リング棒
- 丸ペンチ
- 平ペンチ
- アンビル
- コルク板
- ハンマー
- ニッパー
- 定規
- 油性ペン
- ネイル磨き

ミラーボールリング　ITEM 06

ここでは完全な輪にせず、写真のような形に曲げます

01　銀線の中心をリング棒・5番にあて、先が同じ長さになるように交差させて曲げます。仕上がりは9号ですが、始めは仕上がり寸法の半分程の所で形を作り、最後に9号ぴったりで収まるよう製作していきます（※他のサイズで製作する場合も同じです）

02　作った輪をアンビル・平面上にのせます。交差した箇所をしっかり押さえた状態で、丸く曲げた輪の両面をハンマー・プラ面で叩きます

03　リング棒・5番に戻し、叩いて付いたバネ性分の広がりを詰めます

04　広がりを詰めた状態で、輪の周囲をハンマー・プラ面で叩きます

05　詰めて叩いた輪をリング棒・9番に合わせ、交差した線の先を曲げて平行にします

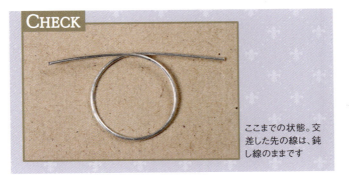

ここまでの状態。交差した先の線は、鈍し線のままです

06　銀線の片端から、ミラーボールを通します

07 輪を大きく広げ、残る片端の銀線もミラーボールに通します。ここで形が大きく変わりますが、前に硬化させてバネ性が出ているので、次に形を整えれば元に戻ります

08 リング棒・8番に合わせ、銀線を棒に押し付けて元の形に整えます

09 リング棒・8番に銀線を密着させ、輪の周囲全体をハンマー・プラ面で叩きます

CHECK ここまでの状態。08でリング棒・8番に合わせたのは、ミラーボールの厚みにより9番に合わせられないためです

10 09に続き、リング棒・8番の位置で交差した先の線を根元から起こします

CHECK 交差した各銀線を、その根元（ミラーボールの穴際）で起こした状態

11 ミラーボールの付け根をアンビル上で、ハンマー・プラ面で叩きます

12 アンビルの平面に対し、輪を垂直に合わせます。そして、ミラーボールの先に出た各銀線をアンビル・平面上で、ハンマー・金属面で叩いて潰します

ミラーボールリング ITEM 06

この写真のように、平面が出るまで叩いて潰します

13 ミラーボールから3mmの位置に、油性ペンで印を付けます

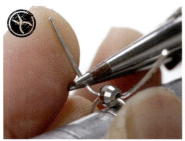

14 リング棒・8番に輪を合わせ、丸ペンチの先、幅2mm程の位置で印をつかみ、一方の手の指を銀線に添えます。そして、丸ペンチを棒側へ押し下げて線を曲げます

左記14の工程で曲げた銀線の状態

15 もう一方の銀線も同様、印位置を丸ペンチで押し下げて曲げます

2本の銀線を、ミラーボールより3mmの位置で曲げた状態。そのまま曲げると重なってしまうため、それぞれを少しずつずらして曲げます

16 各銀線の先、ミラーボールの中心にあたる位置に印を付けます

17 印の端(曲面側)を丸ペンチの先でつかみ、指先で銀線の端を起こすと共に、丸ペンチを押し下げてつかんだ箇所も曲げます

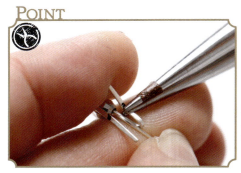

POINT

CHECK

18 印位置を、ミラーボール側面の中心へ運ぶように曲げます

反対側を同様に曲げた状態

CHECK

19 印部分の曲げて跳ね返った箇所を僅かに残し、端をカットします

両方の銀線の端をカットした状態

20 14〜15で曲げた箇所を平ペンチでつかみ、側面へ引いてカットした面をミラーボールの穴に向けます

21 写真の位置を平ペンチの先でつかみます

CHECK

22 跳ね返った端を、ミラーボールの中に収めます

もう一方の端を、同様に収めた状態

ミラーボールリング ITEM 06

POINT

23 前の工程によりミラーボール部で輪が締まるため、リング棒・9番まで輪を押し下げ、輪の大きさを戻します

24 ミラーボール両脇の銀線の形を、丸ペンチで整えます

25 全体をネイル磨きで磨きます

完成

以上で、ミラーボールリングは完成です

VARIATION バリエーション

小さなミラーボールをリングの飾りにしたこの作品。銀線の端を潰し、折り返してミラーボールを留める方法は、様々なデザインのリングやアクセサリーにとり入れることができます。

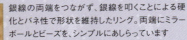

銀線の両端をつながず、銀線を叩くことによる硬化とバネ性で形状を維持したリング。両端にミラーボールとビーズを、シンプルにあしらっています

銀線の両端をチェーンのようにつなぎ、その口を止めるのにミラーボールを用いた作品です

ITEM 07 ゴールドフィルドスパイラルリング

細い金線（ゴールドフィルド）を2本まとめてより合わせ、そのより合わせた線を使って作るリング。よった後の線両端の状態を上手く利用し、石留めの台座に加工してクリスタルビーズを留める、何とも技アリな作品です。

MATERIALS 使用する材料

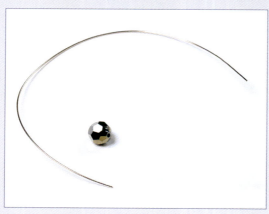

- 金線（Φ0.64mm）150mm×1本
- クリスタルビーズ×1個

金線はK14GF（ゴールドフィルド）鈍し線です。ここでは13号サイズのリングを製作しますが、サイズや使用するビーズ・石を変更する場合は、p.87でカットする余分を参考に、金線の長さを適宜調整してください

TOOLS 使用する工具

- リング棒
- 丸ペンチ
- 平ペンチ
- アンビル
- コルク板
- ハンマー
- バイス
- ヘラ
- ニッパー
- 定規
- 油性ペン
- ネイル磨き

ゴールドフィルドスパイラルリング ITEM 07

01 金線の両端、端から15mmの位置に油性ペンで印を付けます

02 金線を中心で軽く半分に折り印位置の内側を軽く交差させます

03 印位置の間隔を30mm程に調整し、2つの印位置をバイス上面に合わせて挟み、金線を確実に固定します

04 02で折り曲げた箇所に、右写真のようにヘラを通します

05 ヘラを上に引き上げつつ、金線を張った状態でヘラを回し、金線をよります

06 2本の金線が1本にまとまるまで、繰り返しヘラを回してよります

81

07 上端の輪から2本に分かれた箇所までが、50mmになるまでよります

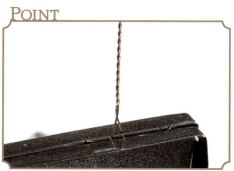

POINT

07の状態まで金線をよったら、印位置の間隔を10mmに狭め、再度バイスで固定します

08

09 輪から2本に分かれた箇所までが60mmになるまで、さらによります

CHECK

金線のよりを終えた状態。一定の力で線を上に引きながらヘラを回すと、整ったよりを作ることができます

HINT

ヘラを使う代わりに、フックを固定したピンバイスやハンドドリル等で線をよることもできます

10 平ペンチで、輪が閉じた箇所の真下をつかみます

11 平ペンチで輪の真下をつかんだまま、丸ペンチを平ペンチに対し垂直に向けて輪をつかみます。そして、金線をよる方向に丸ペンチを回します

12 輪の直径が3〜5mmになるまで、丸ペンチを回して金線をよります

ゴールドフィルドスパイラルリング **ITEM 07**

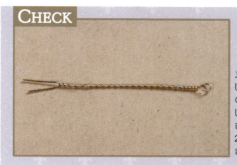

CHECK

丸ペンチで輪を回し、金線をよって輪の大きさを5mmにした状態。輪の大きさは必ず、よった2本の線が通る大きさにします

13 歪んだ輪を平ペンチでつかんでつぶし、平らに均します

CHECK

平らに均した輪の状態。直径が3～5mmであることを、ここで確認しておきます

14 輪の上端を丸ペンチでつかみ、軽く曲げて丸みを付けます

15 リング棒の先端に輪の丸みを沿わせ、よった金線をきつく一周巻き付けます。これにより、よった金線にクセが付き、手を離した状態でリング棒・11番辺りに止まります

CHECK

ここまでの状態。ここからは、上端の輪を「小さい輪」、リングを形成する全体の輪を「輪」と呼びます

小さい輪の付け根とよりの終わり（線が分かれた箇所）を揃え、輪が開かないように押さえた状態で、ハンマー・プラ面で輪全体を叩きます

16

POINT

17 矢印で表した箇所を確実に合わせ、輪の両面を叩きます

83

18 リング棒・13番に輪を合わせ、小さい輪の端と並ぶ箇所に油性ペンで印を付けます。この印から先のよりは、輪の余分となります

19 印位置までのよりを戻し、輪の余分を取り除きます

20 印位置に平ペンチの幅が広い面の端を合わせ、ほぐした余分とその先で分かれた金線をまとめてつかみます（※戻したよりの跡が気になるかもしれませんが、これを細かく整えようとすると、線がどんどん硬化して折れる恐れがあります）

21 印の付け根に指をあて、平ペンチを返して直角に折り曲げます

CHECK

ここまでの状態。次は、小さな輪に分かれた反対側の金線を通します

22 輪を大きく広げます。形が一旦変わりますが、バネ性で元に戻ります

23 2本に分かれた先を、小さい輪に通します

24 リング棒・13番に合わせ、棒に押し付けて元の形に整えます

ゴールドフィルドスパイラルリング ITEM 07

25 小さい輪から出た2本の線を、輪に対し垂直に広げて曲げます

片端の2本の線を曲げて分けた状態

26 金線の19でよりを戻した部分が歪んでいるので、これを平ペンチでつかんで締め、まっすぐに整えます

よりを戻した箇所を整えた状態

27 アンビル・曲面にビーズを合わせ、ビーズと同程度の幅の箇所を確認します

28 確認した箇所に2本の線を合わせ、U字に曲げます

CHECK

2本に分かれた金線を、U字に曲げた状態。このU字に曲げた部分が、ビーズが据わる台座になります

29 U字に曲げた台座の内側にビーズを置き、ビーズ両脇の穴位置を油性ペンで金線に写します

Hint
別に線を用意し、ビーズに通してU字に合わせると、より正確に穴位置を確認することができます

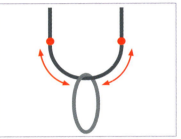

30 穴位置の印を付けたら、右イラストで表した箇所をハンマー・プラ面で叩きます

31 U字の内側で、印位置に平ペンチの角をあてます

32 印位置で金線を直角に曲げます

33 反対側の印位置も同様に、U字の内側に向けて直角に曲げます

Check
印位置をU字の内側に向けて直角に曲げた状態

34 直角に曲げた箇所を、さらに45度程度曲げます

ゴールドフィルドスパイラルリング **ITEM 07**

35 45度に曲げた箇所の側面を、平ペンチの先端1mm弱の所で締めます。そして、さらに平ペンチを持ち変え、先に曲げた箇所を締めます

CHECK 反対側も同様に締め、この写真の状態にします

36 両角の側面を平ペンチの先で締め、角を明確に出します

CHECK 両角の側面を締めた状態。上のCHECKの状態に比べて角の角度が緩くなり、ビーズの穴近くが収まる余地ができます

37 平行に並んだ金線を中心でカットし（左写真）、さらにその切り口の先端から1mm程をカットします

CHECK 折り曲げた金線をカットした状態

38 ビーズの台座部をアンビル・平面上にのせます。そして、曲げた箇所が開かないように30で叩いた箇所を押さえ、ハンマー・プラ面で叩きます

39 叩いて硬化させた箇所を、小さい輪の辺りを軸に開きます

87

40 開いた金線の両端に、ビーズを収めます

41 現状では、ビーズが左右に動く余地が残っています

42 ビーズに台座の金線をしっかりと寄せます

POINT

43 台座の金線を寄せた状態を保ったまま、写真の位置に平ペンチの先端を差し入れます。そして矢印の方向に平ペンチを返し、金線を曲げてビーズ脇を締めます

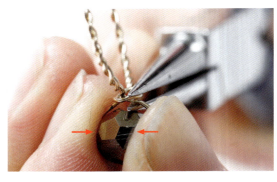
44 反対側も同様に締め、小さい輪との間隔等を微調整して整えます

HINT

ビーズの両脇を押さえた状態で保てない（硬いため）場合は、バイスに挟んで作業を進めても良いです

45 仕上げに、全体をネイル磨きの仕上げ面で磨きます

完成

46 以上で、ゴールドフィルドスパイラルリングは完成です

VARIATION バリエーション

金線の他、鈍し線であれば銀線や銅線、その他のアクセサリー製作用ワイヤーを使っても作品を作ることができます。使う線の太さにより、作品の雰囲気が変わるのも魅力です。

「アーティスティックワイヤー」という、コーティング線を素材とした作品。ハンマーの金属面で叩く工程が無いため、コーティング線でもきれいに仕上げることができます

細い線を2本並べ、その束同士をよって製作した、合計4本の線で構成される作品

ARRANGE アレンジ

本編で使用したビーズのような球形以外の石でも、製作の途中で台座の形をアレンジすれば留めることができます。形の異なる石を留める場合は、以下を参考にしてください。

台座を作る直前までの工程は、本編の工程と変わりありません

石を留める台座の線を曲げる際、留めたい石に合わせて線を曲げます

片側ずつ線を収め、石を留めます。留める石の大きさや重さに合わせ、線の長さを変える点もポイントです

ITEM 08　8の字交差リング

1本の銀線を巧妙に曲げ、8の字のモチーフを表現したリング。8の字の内側に2個のミラーボールを留めるまでの工程は、曲げて叩いて、また曲げては叩いてを繰り返す、シルバーラインワークの醍醐味が詰まっています。

MATERIALS　使用する材料

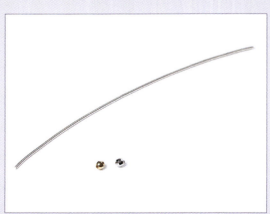

- 銀線（Φ1.0mm）100mm × 1本
- ミラーボール（Φ3.0mm）× 2個

ここでは13号サイズのリングを製作します。用意する銀線の長さは、15号までのサイズであれば同じ100mm、16号以上のサイズの場合は110mm用意します

TOOLS　使用する工具

- リング棒
- 丸ペンチ
- 平ペンチ
- アンビル
- コルク板
- ハンマー
- ネイル磨き

8の字交差リング ITEM 08

丸ペンチ、Φ3mmの所で銀線の端をつかみ、直角に起こします

01

02 丸ペンチを持ち変え、起こした箇所をさらに曲げてカンを作ります

CHECK

基本的な「9ピン」のカンを作ります

03 ハンマー・金属面で作ったカンを叩き、平らに潰します

CHECK

カンのみを正確に叩き、写真のように平らに潰します

04 叩くことで開いたカンの口を、丸ペンチで閉じます

CHECK

上のCHECKの状態から、この写真のように口を閉じます

91

05 口を閉じたカンをさらにハンマー・金属面で叩き、形を整えます

06 潰したカンをリング棒・6号の位置に沿わせ(左写真:親指でカンを押さえています)、その先の銀線をリング棒に一周巻き付けます

07 銀線を一周巻き、カンの付け根まで回します

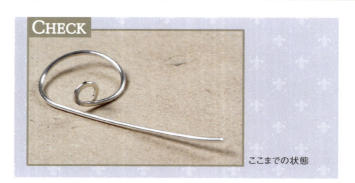

ここまでの状態

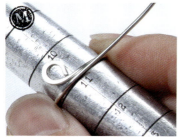

08 リング棒・11番に輪を合わせ、銀線をさらに少し巻き付けます

09 2個のミラーボールを通し、カンの付け根まで取り回します

ここまでの状態

10 作った輪を、ハンマー・プラ面で叩きます。輪の口が開かないように押さえ、両面を均等な力で叩きます

11 銀線の端を持ち、輪を崩さないように大きく広げます

8の字交差リング ITEM 08

12 銀線の端をカンの中に通します。輪を大きく広げ、細かく動かさないようにします

CHECK
ここまでの状態。後で形を整えるので、輪の形が多少崩れても問題ありません

13 リング棒・10番に合わせ、開いた輪をしっかりと締めます

14 輪を13番までずらし、締めた状態でカンから出た銀線を起こします

15 輪に対し、カンから出た銀線を写真のように起こします

16 カンの付け根を2本の指で押さえ、銀線の端を丸ペンチでつかみ、輪のライン上で大きく曲げます

17 そのままさらに曲げ続け、銀線の端をカンの端（上）に持ってきます

CHECK
16～17の作業で、このような状態にします

18 16～17で曲げた銀線を、ハンマー・金属面で叩いて潰します

CHECK 大きく曲げた銀線を叩いた状態。叩くことにより、銀線の端がカンから離れます

19 平ペンチを写真のようにあて、銀線の端をカンに寄せて戻します

CHECK 銀線の端を、ハンマーで叩く前の位置に戻した状態。涙型をした輪ができます

POINT ここからは、叩いた銀線をひねりながら横倒しにします。この先の21～22の工程は、写真のように片方の手で輪を持ち、もう一方の手に持った平ペンチを手前から奥に返して進めます

20

21 平ペンチの先を広く使い、涙型の輪全体を確実につかみます

22 21の状態から平ペンチを奥に倒しつつ、途中でミラーボールの位置を確認します。そして、2個のミラーボールを涙型の輪の内側へ収めるように、ひねりを加えながらさらに倒します

8の字交差リング ITEM 08

CHECK
涙型の輪を倒した状態。銀線の端は、カンの側面に持ってきます

23 カンの側面に持ってきた銀線の端を、平ペンチの先端でつかみます。そして、その先端をカンの裏側に回します

CHECK
ここまでの状態

24 涙型の輪の側面を調整し、ミラーボールを確実に内側へ収めます

25 開いた輪を平ペンチで閉じ、ミラーボールの動きを封じます

CHECK
ここまでの状態。涙型の輪の、銀線の端と反対側の変化が、24〜25の工程の効果です

26 リング棒・13番に合わせ、全体の形を整えます

完成

以上で、8の字交差リングは完成です

VARIATION バリエーション

本編では8の字を造形しましたが、自在に加工できる線材であれば、8の字以外にも自由に造形することができます。以下のサンプル作品をヒントに、オリジナル作品を作ってみてください。

銀線の両端を確認し、その線の流れを目で追うだけでもワクワクしてしまう、巧みな造形の作品です。銀線が中央のビーズをしっかり留めていることも、大きなポイントのひとつです

左上の作品以上に、複雑な造形が施されたリング。線の途中にひねりを加え、間でミラーボールを少し遊ばせた魅力的な作品です

ITEM 09　真鍮バッグチャーム

独特な鈍い輝きが魅力の真鍮線を使った、ハンマーによるランダムな打痕がユニークなバッグチャーム。本体に使用するΦ1.8mmという太い真鍮線を"大胆に曲げて、大胆に叩く"、クラフトの楽しみを包括した作品です。

MATERIALS　使用する材料

本体
・真鍮線（Φ1.8mm）
　200mm × 1本

コイル
・真鍮線（Φ1.0mm）
　120mm × 1本

アレルギー等で真鍮に肌が反応する体質の方は、手袋をして作業を進めてください。また、完成した作品を使用する際は、専用塗料等でコーティングすることをお勧めします

TOOLS　使用する工具

・丸ペンチ
・ラジオペンチ
・アンビル（平面）
・コルク板
・鉄ヤスリ
・ハンマー
・ネイル磨き

● コイルの製作

01 一定の径のカンを連続して巻くため、丸ペンチに目安を設けます。Φ4mmの箇所が明確に認識できるよう、丸ペンチのΦ4mmの所にマスキングテープを巻いておきます

02 マスキングテープの際でΦ1.0mmの真鍮線の端をつかみます

03 真鍮線の端を90度起こし、線の端を送りながら線を丸く曲げ、カンを作ります

04 カンを作ったら、線の端を巻いていない線の左に回します

05 線を巻き付ける箇所はそのままに、最初のカンの横に次のカンを作ります

06 同じ工程を繰り返し、線が無くなるまでカンを連ねていきます

巻き終わりの状態です。常に一定の位置で線を巻き続ければ、同径のカンが連なったコイルを作ることができます

07 巻き始めと巻き終わりの端を、カンの内側へ向けて軽く曲げます

真鍮バッグチャーム　ITEM 09

POINT

08　線の端、切り立った部分をニッパーで斜めにカットします

09　カットした箇所を鉄ヤスリで削り、滑らかに均します

10　斜めにカットした端を、さらにカンの内側へ寄せて収めます

CHECK

以上でコイルは完成です。丸ペンチに巻き付けることで、バネ性と硬度が付与されたコイルができます。銀線を同様に巻き、糸ノコ等で口を作れば、複数のカンを作ることができます

● 本体の製作

01　真鍮線の端を持ち、もう一方の先端をラジオペンチでつかみます

02　ラジオペンチを持った手首を返し、真鍮線の先を丸く曲げます。線を持つ手をペンチから離し、緩やかなカーブを妨げないように曲げます

03　真鍮線の先端を、曲げた線の付け根に近付くまで曲げます

CHECK

真鍮線の先端を曲げた状態。おおよそΦ10mm程の大きさのカンを作ります

99

04　作ったカンの付け根辺りをラジオペンチでつかみ、最初のカンと同様にして、今度は大きく真鍮線を曲げます

04で真鍮線を曲げた状態

05　真鍮線の反対端をラジオペンチでつかみ、最初のカンの外側を囲うように曲げます

06　最初のカンを越え、04の曲線部の端に先端を持ってきます

07　真鍮線の先端を、僅かに外側へ向けて曲げます

ここまでの状態

08　本体の形を整えます。内側のカンをつかんで矢印の方向に軽く巻き込み（左写真）、線の端を内側の曲線部へ寄せます

本体の形を整えた状態。上のCHECKの状態から、この写真の状態に整形しました

真鍮バッグチャーム ITEM 09

09 本体をアンビルにのせ、中央のカンをハンマー・金属面で叩きます

本体中央のカンを、ハンマーで叩いた状態。真鍮線が均等に潰れて平らになるよう、一定の力で叩きます

10 叩くことにより中央のカンの口が開くので、ラジオペンチで開いた口を閉じます

中央のカンの口を閉じた状態

11 続けて、カンから外側に掛かる曲線部を叩いていきます

ハンマーで力を加えることにより、叩いた箇所が不均衡に浮き上がってきます

12 手のひらで浮き上がった部分を押さえ、確実にアンビルに接地させます

13 アンビルに接地した状態で、さらに曲線部を叩いていきます

101

CHECK 本体全体を叩き、線を均等に潰して平らにした状態

14 端が曲線部に近付くため、これを手で広げます

CHECK 手で広げた箇所は、最後にコイルを収める箇所です。コイルが外れないよう、バネ性を持たせるために広げます

15 離した端を強めに叩き、右写真のように潰します

POINT

16 本体を裏返し、さらに全体を均等に叩きます。この時、14で開いた箇所にバネ性を持たせるため、今度は口を閉じた状態で曲線部と同時に叩きます

CHECK 裏側を叩くことで、再び部分的に浮き上がってくる箇所が出てきます

17 浮いた箇所をしっかりとアンビルに押し付け、浮き始めの辺りから浮いている箇所に向けてハンマーをあてていきます

CHECK 端が大きく浮き上がった場合は、次の18の手順でこれを抑えます

真鍮バッグチャーム ITEM 09

18 浮いた端を手のひらでしっかりと押さえつけ、浮き始めの部分を叩きます。そして、その周囲もアンビルに押し付け、均等な力で叩きます

19 浮き上がりを抑えつつ、本体全体を均等に叩いていきます

20 潰れた線の太さが一定になるよう、仕上げ叩きをします

CHECK
叩きの工程を終えた状態。慣れない内は叩く毎に各部が浮き上がってきますが、工程を繰り返してコツを掴めば、きれいな平面に仕上げられます

21 潰した端の周囲を、鉄ヤスリで均して整えます

22 カン側の端を均す際は、ラジオペンチでカンを一旦開いて整えます

23 端からコイルを通し、カン側へ取り回します

24 バネ性を持たせた端をカン側へ閉じ、通したコイルに掛けます

POINT

ネイル磨きで磨いて仕上げます。細目のみで磨けば、真鍮らしい鈍く光る仕上がりが得られ、細目に続けて仕上げ面で磨けば、光沢感のある仕上がりが得られます

25

完成

以上で、真鍮バッグチャームは完成です。参考までに、右写真の左が仕上げ磨きで、右が細目磨きのみにとどめた仕上げです

VARIATION バリエーション

真鍮線はバッグチャームの他、ペンダントやキーリング等の製作にも使えます。「形を決めて叩く」という製作手順は同じなので、工夫を凝らした作品を楽しみながら作ってみてください。

Φ1.8mmの真鍮線を使って製作した、大振りなハート型のペンダントトップ。パーツを連結したり下に石をぶら下げる等、自由な造形が楽しめます

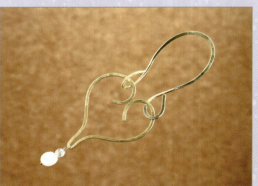

太い純銀線を真鍮線と同様に叩いて製作した、ハンマーによる打痕が印象的なキーリング。レザー等、他の素材と組み合わせても良いでしょう

ITEM 10　ワイヤーバードブローチ

たった1本の銀線を使い、これを一筆書きのように曲げて小鳥を表現したブローチ。銀線で小鳥のアウトラインを造形すると共に、衣服等へ着ける際に欠かせない針とフックも、そのアウトラインの内側にとり入れて製作します。

MATERIALS　使用する材料

- 銀　線（Φ1.0mm）
  400mm × 1本
- レース
  （お好みで用意）

400mmという銀線の長さは、ブローチ2個分の長さです。実際は1個につき180mm程の銀線を使用しますが、製作中に線が足りなくなることを考慮し、2個分＋αを用意します

TOOLS　使用する工具

- 丸ペンチ
- 平ペンチ
- アンビル
- コルク板
- ハンマー
- ヘ ラ
- ニッパー
- 定　規
- 油性ペン
- ネイル磨き

● フックの製作

01 銀線の片端、端から10mmの位置に油性ペンで印を付けます

02 印の位置に平ペンチの角をあて、ペンチを閉じて直角に折り曲げます

03 折り曲げた箇所を平ペンチでつかみ、畳むようにさらに曲げます

04 曲げた線が重なるまで曲げ、印部分を平ペンチの面でつかみ、02で曲げた角の側面を完全に潰します

CHECK
ここまでの状態。01で付けた印が、銀線の折り返し点となります

05 折り返した銀線と並ぶ線、先端から2mm程の位置に油性ペンで印を付けます（左写真）。そして、印から折り返し点までをハンマー・金属面で叩き、平らに潰します

HINT
銀線を持つ指先をアンビルに添え、叩く箇所のみをアンビルにのせると、印から先のみを正確に叩くことができます

NG
銀線を持つ指先をアンビルに添えないと、安定して叩くことができません。また、叩く箇所以外をアンビルにのせると、誤って叩く必要の無い箇所を叩いてしまいます

ワイヤーバードブローチ ITEM 10

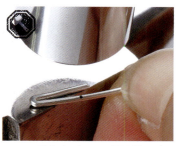

06 叩くことで切り口が開く(離れる)ので、開いた先端側の銀線、10mmの範囲も叩いて潰します

CHECK
印から先の銀線を叩き、平らに潰した状態

07 平ペンチの面を使い、開いた切り口を締めて閉じます

CHECK
ここまでの状態。この折り返した部分をさらに造形し、ブローチの針先を掛けるフックにします

08 折り返し点の端から4mmの位置に、油性ペンで印を付けます

09 05で印を付けた辺りを平ペンチの広い面でつかみ(2本同時につかみます)、08で印を付けた箇所を丸ペンチの先で曲げます

HINT
左記09の工程は、写真のような状態で両手にペンチを持ち、右手に持った丸ペンチを奥に返して印位置を曲げます

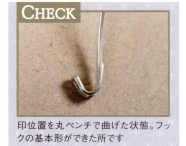

CHECK
印位置を丸ペンチで曲げた状態。フックの基本形ができた所です

10 曲げた箇所の先端を丸ペンチでつかみ、さらに深く曲げます

CHECK
先端をさらに曲げることで、針先がしっかり掛かるフック形状にします

11 フックにした箇所を、丸ペンチでしっかりとつかみます

12 フックに近い所で銀線を持ち、これを切り端側に曲げて切り端の上にかぶせます

13 12の状態から、銀線を直角気味に下方へ曲げます（左写真）。そして、かぶせた銀線をさらに折り返して曲げ、切り端に半分程巻き付けます

CHECK

ここまでの状態。長い銀線の動きを、よく確認してください

14 巻き付けた銀線を平ペンチの先でつかみ、さらに巻き付ける方向に締めます

CHECK

ここまでの状態。切り端に対し、銀線を8割程度巻き付けています

15 フックの付け根付近を平ペンチの先でつかみ、銀線をさらに切り端へ巻き付けます

ワイヤーバードブローチ ITEM 10

16 15で巻き付けた所を、平ペンチの先でつかんで締めます

17 巻き付けた銀線から僅かにでた切り端を、ニッパーでカットします。装着時に衣服等へ引っ掛かる恐れがあるので、切り端は残さないようにしてください

18 フック全体をネイル磨きで磨きます

CHECK

以上で、フック部は完成です。作業により銀線の表面に傷が付いた場合は、粗目のヤスリで傷を落とした後、細目で仕上げ磨きをします（※後では磨き難くなります）

● ボディラインの製作

01 フックに巻き付けた銀線の付け根、ギリギリの所を平ペンチの先でつかみます（左写真）。そして、指先で銀線を直角気味に曲げます（右写真）

CHECK

写真の位置で銀線をつかみ、フックの背と平行に並ぶように曲げます

109

02 曲げた箇所を平ペンチの先で締め、角を明確に出します

03 角の部分のみをピンポイントに、ハンマー・金属面で叩きます

CHECK
ここまでの状態

04 直角に曲げた箇所を平ペンチでつかみ、銀線に親指の腹をあてます

05 この章の末（p.1-7）に掲載した成形図版を参照し、「鳥の後頭部」に当たる曲面を親指の腹で造形します

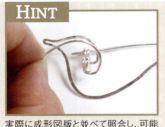

HINT
実際に成形図版と並べて照合し、可能な限り近い形に造形します

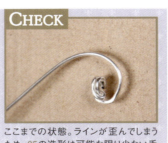

CHECK
ここまでの状態。ラインが歪んでしまうため、05の造形は可能な限り少ない手数（入力）で済ませるようにします

06 造形したラインのみを、ハンマー・金属面で叩きます

07 成形図版に合わせ、クチバシ先端位置を割り出して印を付けます

08 印位置に平ペンチの角をあて、ペンチを閉じて印位置を折り曲げます

ワイヤーバードブローチ ITEM 10

09 折り曲げた先を平ペンチでつかみ、さらに鋭角に曲げてU字に折り返します

10 折り返した線を平行に並べ、平ペンチの広い面でつかみ、締めます

11 折り返し点の先端も、完全に線が接するまで締めます

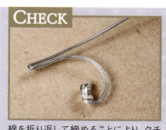

CHECK
線を折り返して締めることにより、クチバシ部分ができます

12 クチバシの先端3〜4mm程度を、ハンマー・金属面で叩きます

13 叩いた箇所を平ペンチでつかみ、一方の指先でフック部を持ちます

14 平ペンチでクチバシ先端をつかんだまま、後頭部の辺りを軸にしてフック部を大きく銀線側へひねり、クチバシから前頭部の辺りをねじって右写真の状態にします

CHECK
長い銀線と"クチバシからフック"までの位置関係が、クチバシを軸に変化します。実際にねじりが加えられた箇所は矢印の部分で、この部分のみ叩いていないため、きれいにねじれます

15 クチバシから後頭部までの範囲を、ハンマー・金属面で叩きます

16 前頭部を指先でつかみ、もう一方の手で銀線をつかみます

17 クチバシを基点に、銀線を広げます

CHECK クチバシの先の銀線を広げた状態。鳥の頭のシルエットが明確に出てきます

18 クチバシの先の銀線、矢印で表した辺りまでをハンマー・金属面で叩きます

19 クチバシをつかみ、親指の腹を叩いた先の銀線にあてます

20 成形図版と照合しながら、クチバシの下から胸元、腹にかけてのラインを造形します。親指の腹を上手く使い、銀線をふっくらと曲げます

21 腹の下辺りで折り返し、尾にかけてのまっすぐなラインを造形します

22 できる限り、成形図版に忠実なラインを造形します

ワイヤーバードブローチ ITEM 10

23 親指の腹で曲げた銀線を、ハンマー・金属面で叩きます。曲げたラインが開いて崩れないよう、左写真のように線を閉じた状態で叩きます

HINT
ラインの反りやカーブ等がきれいに出せない時は、ヘラを使ってしごくようにラインを整えます

CHECK
ここまでの状態。造形した箇所を順に叩いて硬化させることで、途中でラインを崩すことなく、成形図版に忠実なボディラインを作ることができます

● 針の製作

01 成形図版に合わせ、尾の先のコイル端にあたる位置に印を付けます

02 定規の端、2mmの位置にフックの側面を合わせ、印までの長さを測ります（左写真：算出した数値は35mm）。そして、印から算出した数値＋20mmの位置に印を付けます（右写真：印から印までの長さは55mm）

03 01〜02で付けた印の間に、4側面から均等な力でヘラを掛け、硬化させると共にまっすぐ整えます

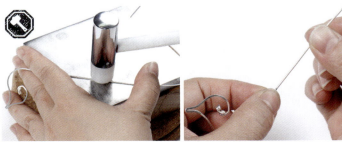

04 印の間をまっすぐに整えたら、4側面をハンマー・プラ面で叩き（銀線の丸みを潰さない程度に）、指先で軽く力を加えても曲がらない程度まで硬化させます

CHECK
ここまでの状態。この後、01で付けた印部分を巻いてバネコイルにします

● バネコイルの製作

01 腹の底から尾の印までの範囲を、ハンマー・金属面でしっかりと叩いて硬化させます。先に作ったクチバシや頭部と同程度に、平らに潰して硬化させます

02 尾の印を、丸ペンチのΦ3.0mm程の所でつかみます

03 丸ペンチを軸に尾の先の銀線（硬化させた針の部分）を頭の方へ向けて曲げ、右写真のように折り返します

04 丸ペンチはそのまま、腹の下に向けてさらに銀線を曲げてカンを作ります

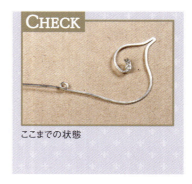

05 丸ペンチを持ち変えてカンをつかみ直し、尾の下のラインと平行になるまで、さらに銀線を曲げます

CHECK

ここまでの状態

ワイヤーバードブローチ **ITEM 10**

06 丸ペンチで写真のようにカンをつかみ、銀線の付け根に指をあてます

07 銀線を頭の方へ折り返して曲げます。バネ性を持たせるために曲げる部分も硬化させているので、このバネコイルを巻く時は強い力が必要になります

CHECK
針がフックに掛かる力が弱くなってしまうため、**07**では左写真の程度まで銀線を折り返します。右写真は、丸ペンチに巻き付けて作ったバネコイルの状態です

08 バネコイルを軸に針を下ろし、フックに掛けます

CHECK
ここまでの状態。以上でバネコイル部分の製作は終了です。次の最終工程では、細かい部分を整形・修正し、最後に針先を削って研ぎます

09 フックに掛かる針先に余裕をもたせ、4〜5mmを残してカットします

● 仕上げ

01 針に対してフックが曲がっている場合は、平ペンチでフック全体を側面からつかみ、針先のラインに揃えます

02 ボディラインを見直し、歪んでいる箇所を平ペンチの面で締めます

115

POINT

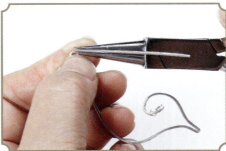

針が歪んでいたり、斜めにたわんでいる場合は、平ペンチの面を縦に使い、バネコイルの付け根からまっすぐに修正します

03

CHECK

細かい部分の修正を終えた状態。針の付け根を修正したことで、ボディラインがすっきりとしています

04
針先の切断面を、鉄ヤスリで平らに整えます

05
次は、平らに整えた切断面の角へ斜めに鉄ヤスリを掛け、針先を円錐状に整えます

06
鉄ヤスリの跡にヘラをかけ、荒れた面を滑らかに整えます

07
最後に、細目→仕上げの順にネイル磨きを掛け、針先を仕上げます

完成

以上で、ワイヤーバードブローチは完成です。お好みにより、写真のようなレースをあしらっても良いでしょう

ワイヤーバードブローチ ITEM 10

ARTWORK 成形図版

本編のワイヤーバードブローチを製作する際に参照する、原寸より2mm程度縮小した図版写真です（※叩くことで銀線が潰れて広がるため、仕上がり寸法より縮小しています）。製作の途中で実際に照合し、作品製作に活用してください。

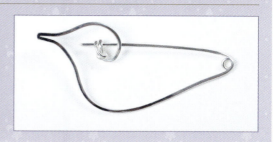

VARIATION バリエーション

銀線を使ったブローチ製作のポイントは、フックと針、バネコイルの作り方と、それらをデザインのどこにとり入れるかです。これらのポイントに注目して、以下の作品を参考にしてください。

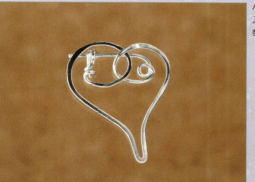

ハートの膨らみの内側に、フックとコイルを上手にとり入れたブローチ。硬化させていく順番等、製作プロセスを推測するだけでも、作品製作の参考になるでしょう

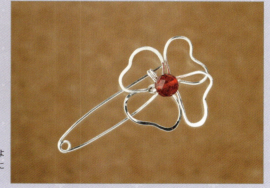

一輪の花をモチーフにしたブローチ。安全ピンのような形のシンプルなバネフックと針の先に、中央にビーズをあしらったハート型の花びらが並びます

117

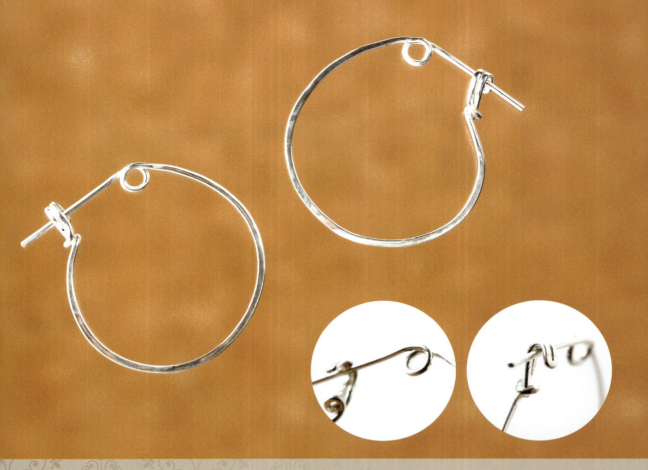

ITEM 11　リングループピアス

ピアス針のキャッチをフックにし、針の付け根をバネコイルにしたリング上のピアス。針やフックの作り方は前項の「ワイヤーバードブローチ」とほぼ同様です。左右対称に作るため、各工程をそれぞれ逆向きで同時に進行します。

MATERIALS　使用する材料

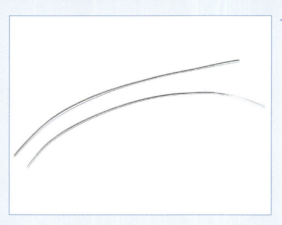

- 銀線（Φ0.7mm）100mm × 2本

TOOLS　使用する工具

- 丸ペンチ
- 平ペンチ
- アンビル
- コルク板
- ハンマー
- ヘラ
- 定規
- 油性ペン
- ネイル磨き

リングループピアス ITEM 11

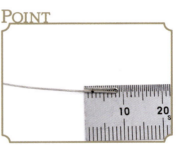

01 銀線の片端、端から12mmの位置に油性ペンで印を付け、もう片端は端から8mmの位置に印を付けます

02 8mmの印位置を折り返し、切り端から2mmの位置に印を付けます

CHECK

前項の05〜07と同じ手順で、印から先の線をハンマー・金属面で叩き、平らに潰します

POINT

03 対になる反対側の銀線も、並行して同時に製作していきます

04 反対側の銀線は、始めの銀線とは逆向きに製作します

05 前項の08〜10と同じ手順で潰した箇所を曲げ、フックを作ります。それぞれ2つを逆向きで製作するため、フックに対する切り端の位置は、写真のように異なります

CHECK

06 前項の11〜12と同じ手順で、銀線を切り端の上にかぶせます

以降、前項の13〜18と同じ手順でフックを完成させます。完成したフックに対し、銀線は写真のように別々の方向を向きます

07 アンビル・曲面を使い、フックの付け根から大きく丸みを付けます

08 フック反対端の印位置に平ペンチの角をあて、07で付けた丸みに対して水平に銀線を折り曲げます

ここまでの状態。後で形を整えるため、07で付ける丸みは大まかでOKです

09 折り曲げた先、12mmの銀線をハンマー・プラ面で叩き、さらにヘラを掛けて硬化させます。耳に通す針になる部分なので、線の丸みを潰さないように硬化させます

10 折り曲げた角の手前（角際）を、丸ペンチの先でつかみます

11 丸ペンチを軸に、銀線を写真のように巻き付けてカンを作ります

12 カンをつかみ直し、さらに銀線を巻いてバネコイルを作ります

リングループピアス **ITEM 11**

フックの反対端に、針とバネコイルを作った状態。形を対称にするよう意識しながら、並行して製作します

13 フック側の輪の中心からバネコイル側に向けてヘラ掛け、07で付けた丸みにつながる丸みを付けます

14 輪全体が均一の丸みを帯びたら、フック側も含めてヘラ掛けし、細かい部分を修正して形を整えます

15 形を整えることによって輪が閉じるので、ここでフックと針の位置を整えます。針の付け根のバネコイルを丸ペンチでつかみ、フックに針先を向けて立ち上げます

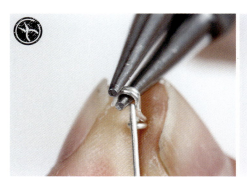
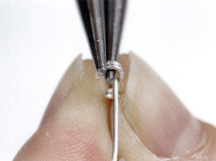

続けて、針先に対するフックの角度を整え、針先がフックへきれいに収まるようにします

16

CHECK

大きなループの形がまとまり、それに対するフックと針の位置もまとまりました。ここで改めて、全体の形を崩さないように注意しつつ、各部を平ペンチで締め、ヘラ掛けをして形を整えます

17 全体の形を整えたら、針をフックに収めずに輪が開いた状態を保ったまま、ハンマー・金属面で叩きます

完成

最後は針をフックに掛け、フック側の付け根より少し離れた所をピンポイントで叩きます。仕上げにネイル磨きで磨けば、リングループピアスは完成です

VARIATION バリエーション

前項のワイヤーバードブローチと同様、このタイプのピアスもフックと針、バネコイルを正確に作ることができれば、後はそのレイアウトとライン全体のフォルム造形で自在にアレンジできます。

ループの一部を大きく曲げて輪を作った作品。バネコイルやフック、針の作り方の基本は同じです

ループ部のサイズを小さく設定したピアス。内側のミラーボールを通した線は、両端のカンでバネコイルとフック付け根に接続しています

ITEM 12　真鍮バングル

Φ1mの真鍮線を三列に束ね、その両端をきれいにまとめて製作するバングル。1本だけでは地味な真鍮線も、三列に束ねるとグッと華やかさが現れます。両端の処理方法と、サイズ合わせに使う芯材の使い方がポイントです。

MATERIALS　使用する材料

用意する真鍮線は、3本に束ねる線の1本を160mm、両端に巻き付けて使う分を30mmに設定しています。これに余分として20mmを追加し、(160×3)＋30＋20で、合計560mmを用意します

・真鍮線(Φ1.0mm)　　・ビーズ×3個
　560mm×1本　　　・メタルビーズ×8個

直径50mm程度の、強度がある円柱状の芯材を使用します。バングル専用の楕円形の芯材も販売されていますが、写真のような円柱状の木材などで代用できます

TOOLS　使用する工具

・丸ペンチ
・平ペンチ
・ラジオペンチ
・アンビル
・コルク板
・ハンマー
・ニッパー
・鉄ヤスリ
・定規
・油性ペン
・芯材

01　真鍮線の両端から、各190mmの位置に油性ペンで印を付けます

02　アンビル・曲面の先端近く、幅10mm程の所の頂点に01で付けた印を合わせてU字に曲げ、曲げた先の線を平行に揃えます

03　反対側の印位置も同様、U字に曲げて線を平行に揃えます

CHECK
ここまでの状態

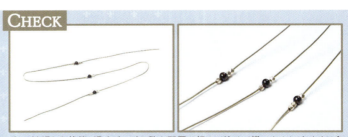

04　真鍮線にビーズを全て通します

CHECK
ビーズを通した状態。通すビーズの数や配置は好みで決めて構いませんが、あまり多く通してしまうと、後で線を叩けなくなってしまうので、注意してください

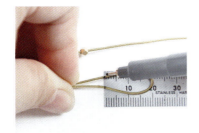

05　U字に曲げた各両端から、20mm程の位置に印を付けます

06　両端の処理をするため、通したビーズを並べた線の中央に寄せ、作業中邪魔にならないよう、マスキングテープ等で動きを止めておきます

真鍮バングル **ITEM 12**

07 印位置を寄せ、開かないよう押さえた状態でU字部分をハンマー・金属面で叩き、平らに潰します

08 潰したU字部に並ぶ側面の線、20mmの印より5mm内側に印を付けます。片側に印を付けたら、反対側にも同様に印を付けます

09 08で付けた印に平ペンチの角をあて、ペンチを閉じて直角に折り曲げます。折り曲げる線は、U字部に対して垂直に曲げます

10 平ペンチを持ち変え、曲げた線の反対側をつかんで締めます

11 再び曲げた線をつかみ、ペンチを締めて角を明確に出します

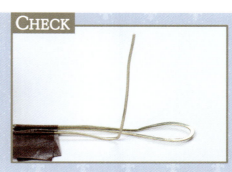

CHECK

ここまでの状態。潰したU字部に対し、線の端を垂直に曲げています

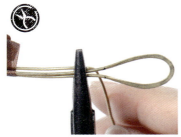

12 直角に曲げた線の付け根で、3本の線をラジオペンチでつかみます

13 3本の線をしっかりとラジオペンチでつかんだまま、直角に曲げた線をU字部の付け根に巻き付けます

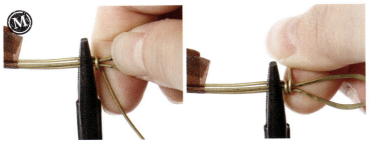

14 線を半周程巻き付けたら、U字側に向けてさらに巻き付け、U字部をまとめてしずく型の輪にします

15 一周程巻いた所で、巻いた箇所を平ペンチでつかんで締めます

CHECK 以降、一周巻く毎に巻いた箇所を平ペンチで締める作業を繰り返し、残りの線をコイル状にまとめます

16 線の端近くまで到達したら、先端を5mm程残して巻き終えます（左写真の状態）。そして線の端をニッパーで斜めにカットします

CHECK 斜めにカットした面に鉄ヤスリを掛け、平滑に整えます

17 カットした面を整えたら（左写真）、ラジオペンチで線の端を、巻きを締める向きでつかみます（右写真）

18 ラジオペンチを締め、カットした線の端を巻きと同列に収めます

真鍮バングル **ITEM 12**

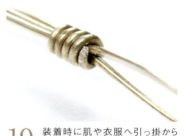

カットした端を、さらにコイルの内側へ押し込みます

19 装着時に肌や衣服へ引っ掛からないよう、写真のようにまとめます

20 反対端も同様に処理し、ビーズを止めていたマスキングテープを剥がして3本の線を寄せます

21 芯材を用意し、片端の輪を芯材の曲面にピッタリと合わせます

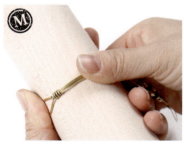

22 端の輪をしっかりと押さえ、3本の線を平行に並べた状態で芯材にピッタリ沿い、全体の半分程度まで巻き付けます

23 ビーズを端に寄せ、このように全体の半分程度までアールを付けます

24 側面からバランスを見つつ、反対側にも同様にアールを付けます

CHECK 全体にアールを付けた状態。楕円に近い手首に装着するため、全体のラインを完全な円にするのではなく、手首に近い楕円形にアールを付けます

127

CHECK

両端の輪を僅かに曲げた状態。ここを曲げることにより、装着時により手首に沿うようになります

25 現状で直線状態の両端の輪を、先端側、輪全体の2/3程の所で軽く曲げます。曲げる際は丸ペンチを使い、輪の両端を同時につかんで曲げます

CHECK

まとめた3本の線を広げた状態

26 3本まとめて並べた線を、両端から広げます。広げ具合は好みで決めて構いませんが、広げすぎると装着できなくなるので注意してください

アンビル・曲面を使い、広げた3本の線を両端の輪側から、ハンマー・金属面で叩きます。線を潰すとビーズが動かなくなってしまうので、潰さない程度かつ、充分な力で叩き、しっかりと硬化させます

27

28 叩くことでアールが変形するので、芯材にあててバランスを見ます

バランスが崩れた箇所は、平ペンチで3本の線をまとめてつかみ、手首の上（腕時計の文字盤が来る位置）のラインを作るイメージでフォルムを整えます

29

真鍮バングル **ITEM 12**

完成

30 1本1本の線の直線方向の歪みは、平ペンチの面で全体を締めて修正します

31 最後に、p.22で紹介した「金属コーティング剤」などで、バングルの表面全体をコーティングします

細かい修正で好みの形に整え、表面をコーティングすれば、真鍮バングルは完成です

VARIATION バリエーション

真鍮線は安価で入手しやすいので、大量に使ってボリュームのある作品を作るのに適しています。真鍮独特の質感が多少の歪みも味にしてくれるので、自由に造形してみてください。

真鍮線をランダムに造形したチョーカーネックレス。デザイン力と造形のセンスが問われる作品です

真鍮線をざっくりとまとめた、チョーカー&ペンダントトップ。チョーカーの構造は基本的に本項のバングルと同じで、両端の輪をフック状に曲げています

ITEM 13 穴なしルース留めペンダント

天然石を銀線のみで巧みに包み込んだ、何とも技アリのペンダント。軸穴はもちろん、片穴すらあいていない天然石をフレームや接着剤を一切使わずに、銀線を要所々々に適宜取り回して硬化させ、確実に留めています。

MATERIALS　使用する材料

- 銀線(Φ0.7mm) 200㎜×1本
- 天然石(琥珀) ×1個

ここで使月する琥珀(カボションカット)の大きさは、W20×D14(mm)です。用意する銀線の長さは、装着する天然石等の大きさに合わせて適宜調整してください。余った分はカットすれば良いので、慣れない方は始めから少し長めに用意しておくと良いでしょう。

TOOLS　使用する工具

- 丸ペンチ
- 平ペンチ
- アンビル
- コルク板
- ハンマー
- 定規
- 油性ペン
- ネイル磨き

穴なしルース留めペンダント **ITEM 13**

01 銀線の中心、両端から100mmの位置に油性ペンで印を付けます

02 銀線を印位置で緩やかに曲げ、二又に分けて交差させます。そして交差させてできる輪の大きさを、石の2/3～3/4程度にします

CHECK
ここまでの状態。印位置に角を作らないように曲げます

03 交差させた点を指先でつかみ、印位置を丸ペンチでつかみます（左写真）。丸ペンチを交差した点へ向けて押し込み、印部分を曲げると共にその両脇をたわませます

CHECK
ここまでの状態。印位置を丸ペンチで押し込むことで、上のCHECKの状態からこのような形にします

04 丸ペンチを写真のようにあて、凹ませた印位置を軸にして丸ペンチを矢印のように動かし、たわませた箇所をハート型に整えます

CHECK
ここまでの状態

05 交差した点と印位置に丸ペンチをあて、ペンチを閉じてハート型を潰します（左写真）。この結果、潰して開いたハート型部分の幅が、石の横幅と同程度に揃います

06 交差する点を押さえ、潰れた横に広がったハートの膨らみ部分のみを、ハンマー・金属面で叩きます

CHECK
ハートの膨らみ部分のみを叩いた状態。平面になるまで、しっかりと叩いて線を潰します

07 叩いた箇所を平ペンチの全面を使ってつかみ、交差した点の先の線をよります

CHECK
ハートの付け根、交差した先の2本の線をよった状態

08 よった箇所をアンビル・曲面の頂点に合わせ、2本に分かれた線の付け根にアールを付けます。このアールは、石の最大幅より1〜2mm小さなアールとします

CHECK
ここまでの状態。アールを付けた先の線は、写真のように交差させておきます

09 交差させた点の僅か上を、平ペンチの全面で同時につかみます

10 平ペンチをそのままに、交差させた先の線を07と同様によります

穴なしルース留めペンダント **ITEM 13**

CHECK
ハートの下にできた輪は、このように石の裏にぴったり収まります

11 ハート型の下にできた輪を、アンビル・曲面に通します。そして、波打つように浮いている箇所をハンマー・プラ面で軽く叩き、輪のフォルムを整えます

12 11で輪の形を整えたら、各交差した点を避け、輪の両側面をハンマー・金属面で叩き、平らに潰します。交差した点を叩かないよう、ハンマーの縁を使って慎重に叩きます

13 叩くことで出る歪みを、アンビル・曲面で整えます

CHECK
輪の両側面を叩き、形を整えた状態。形を整える際、ペンチを使うと形を崩してしまう恐れがあるので注意しましょう

14 ハート型の部分を平ペンチの全面でつかみ、交差させた点に指先をあててペンチを起こし、直角に折り曲げます

15 直角に折り曲げた箇所の付け根を締め、角を明確に出します

CHECK
ここまでの状態

16 ハート型の下の輪に石の裏を合わせ、直角に折り曲げたハート型に石の端を合わせます。そして、ハート型を指先で曲げ、石にピッタリと沿わせます

17 ハート型の凹みと交差した点を、丸ペンチでつかんで締めます

18 石の裏に置いた輪の下、交差した点のよりをしっかりと締めます

19 線の付け根辺りを平ペンチでつかみ、V字型を明確に出してハート型の方へ向け、さらに締めます。そして、線の先をハート型の方に向けます

20 2本の線を石の側面に沿わせ、ハート型の方に曲げます

ここまでの状態。石の側面に沿わせた各線は、ハート型の膨らみの端に合わせます

穴なしルース留めペンダント **ITEM 13**

21 2本の線を外側に開き、線に合わせた石を外します

CHECK

石を外した線の状態。p.133、最下段のCHECKの状態から、輪の下で分かれた2本の線をこのような状態にします

22 石に沿わせて曲げた各線、石に沿わせた部分のみをハンマー・金属面で叩いて潰します。アンビルの側面を上手に使い、ピンポイントで叩くようにします

23 叩いた線を広げ、再び石を合わせます

24 分かれた線の先を、先端を向けたハート型の膨らみ部分に通します。線のラインを崩さないように大きく広げ、先端を通したら平ペンチで線を引きます

25 反対側も同様に通し、線の先を平ペンチで引きます

26 各線をしっかりと引いて石に沿わせ、その付け根、V字型部下の開いた交差部を、平ペンチの先でつまんで締めます（右写真）

CHECK

ハート型の膨らみに各線を通し、各線をしっかりと石に沿わせます

27 各線をハート型の膨らみの先で強く引き、交差させて一周よります

28 よった線の付け根を、2本同時に平ペンチの全面でつかみます

29 平ペンチはそのままに、手に持った石を回して線をさらによります

30 石に沿わせた線とハート型の膨らみ部をしっかりと押さえ、線をつかんだ平ペンチを若干引き気味にすると、2本の線をきれいによることができます。ここでは、線の先を7～8mm残す所までよります

31 よった線の付け根を、丸ペンチの径の太い所でつかみます

32 丸ペンチを軸に、よった線を丸ペンチに巻き付けながら石の裏側に向けて曲げます

CHECK

よった線を裏側に曲げた状態。ここで作った輪がバチカンになります。よる線の長さや巻き付ける丸ペンチの径は、使用するネックレスチェーンに合わせ、適宜調整して構いません

穴なしルース留めペンダント **ITEM 13**

33 石の縁にあたる所で、よった線の先で分かれた各線を、石の方に向けて曲げます

34 石に向けた線の先を、石裏の輪とハート型の隙間に通します

35 ハート型の端を平ペンチでつかみ、僅かにスライドさせて隙間を広げ、その隙間へ線の先を通すようにします

36 片側を通したら、反対側も同様にして通します

隙間に通した各線をハート型の内側に寄せ、側面を平ペンチの先で同時につかんで締め、この部分をしっかりと固定します

37 最後に、ネイル磨きで線全体を磨きます

完 成

以上で、穴なしルース留めペンダントは完成です。仕上げに銀線を磨く際、石の種類によっては傷が付く恐れがあるので、使用する研磨道具には充分注意してください

VARIATION バリエーション

銀線で石を留める際のポイントは、石の大きさや形をしっかり把握し、押さえる箇所を明確にすることです。その上で銀線も装飾の一部にとり入れることができると、素敵な作品ができます。

三角形に近い天然石を、素直にその先端3点で留めた作品。裏側には本編の作品と同様の輪があり、各ポイントをしっかりと硬化させているので、接着剤を使わずとも石は強固に留められています

本項の作品と同じ方法で作った、石違いのペンダント。バチカンにチョーカーを組み合わせ、チョーカーネックレスにしています

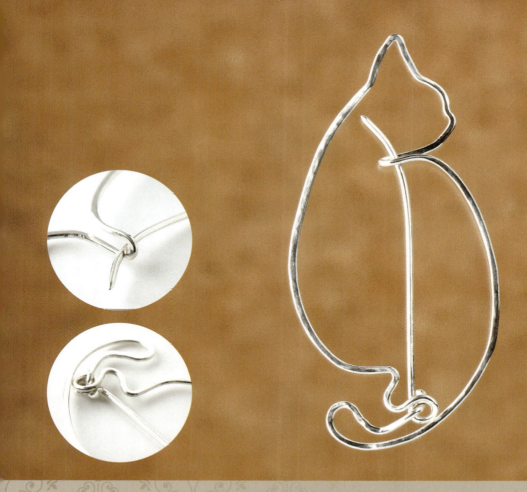

ITEM 14　ワイヤーキャットブローチ

ITEM10のワイヤーバードブローチと同様、1本の銀線のみで一筆書きのように猫を表現したブローチ。ただし本作品は、針を留めるフックを専用に作らず、その役割をシルエットの一部にとり入れたデザイン性の高い作品です。

MATERIALS　使用する材料

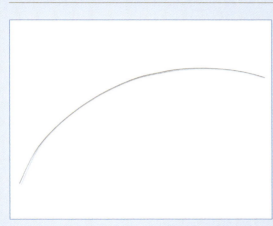

・銀線（Φ1.0mm）
　250mm × 1本

材料は銀線1本のみ。ワイヤーバードブローチの場合は2個分の長さを用意しましたが、この作品の長さは1個のみを作るジャストな長さです。造形の途中、意図せずに余計な線を使ってしまうと最後に足りなくなる可能性があるので、作業に慣れていない方は10mm程度余分に用意しておいても良いでしょう

TOOLS　使用する工具

・丸ペンチ
・平ペンチ
・アンビル
・コルク板
・ハンマー
※槌目を付けるため、丸みの強いハンマーを使います
・ヘラ
・定規
・油性ペン
・ネイル磨き

● 針とバネコイルの製作

01 銀線の片端、端から45mmの位置に油性ペンで印を付けます

02 45mmの印位置に10mmを加え、印を付けた側の端から55mmの範囲を、ハンマー・プラ面で叩きます。さらにヘラも掛け、まっすぐに整えながら硬化させます

03 硬化した切り端を平らに削り、さらに斜めに面取りします

04 面取りした線の先をヘラでしごき、ネイル磨きで磨いて針先を滑らかに整えます

05 01で付けた印位置を、丸ペンチのΦ2mm弱の所でつかみます

06 長い方の線を、つかんだ丸ペンチに巻き付けます。※02で叩く箇所に加えた10mm部分なので硬化して硬いですが、しっかりと力を加えて曲げます

07 左写真のように一周巻き付けたら、丸ペンチを持ち変えて線をつかみ直し、長い方の線をさらにもう一周巻き付けます

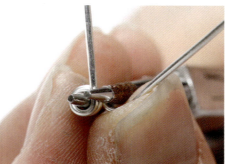

07に続き、針に対して長い線が垂直になる所まで巻き付けます（左写真）。次は、長い線の付け根で巻く向きを変えます。右写真のように丸ペンチをあて、針と長い線が平行に並ぶよう、長い線の付け根をU字に曲げます

08

CHECK

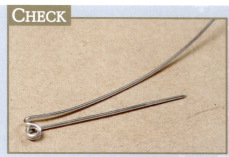

08で長い線の付け根をU字に曲げた後の状態。左写真が針を含めた全体の状態で、右写真がバネコイルの状態です

● 背中のラインの製作

01 平ペンチの先、幅3mm程の所で長い線の付け根をつかみ、針に対して垂直に線を起こします

02 平ペンチを持ち変え、指先で起こした箇所を締めて角を出します

CHECK

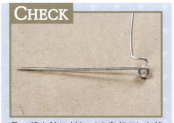

長い線を針に対し、90度起こした状態。長い線の付け根の膨らみは、完成した際に足となります

03 成形図版に針とバネコイルの端を揃え、しっぽの内側にある背中のラインを確認します。そしてバネコイルを押さえ、親指の腹で背中のラインを曲げます

04 親指の腹を銀線に押し当て、背中から後頭部にあたる針先へ向けて線を曲げます

05 成形図版と照合しつつ、正確に背中のラインを出します

06 長い線の付け根、足の部分を丸ペンチでコイル端側に起こします

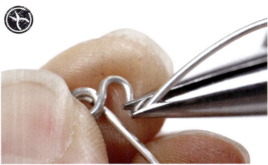

07 長い線の付け根を平ペンチでつかんで締め、足と背中のラインの境目を明確にします

CHECK
ここまでの状態

08 長い線の付け根、足の部分をハンマー・金属面でピンポイントに叩きます。続けて、足と背中の境目付近も同様に叩きます。2ヵ所とも、表裏両面を叩いて潰します

09 続けて、背中から首筋辺りまでのラインを同様に叩きます

10 成形図版に合わせ、各所を叩くことで微妙に変化したラインを確認します

ワイヤーキャットブローチ ITEM 14

11 ラインが変化した箇所を、平ペンチで締めて修正します

12 再び成形図版に合わせ、正しく修正できたことを確認します

CHECK

ここまでの状態。コイル付け根の足から、首筋あたりまでの背中のラインができています

● 顔のラインの製作

01 成形図版を参照し、耳の裏の付け根に平ペンチの角をあて、耳の幅分程をつかんで軽く起こします

02 耳の頂点に平ペンチの角をあて、まずは直角に折り曲げます。そしてさらに、曲げた箇所を平ペンチの先端でつかみ、鋭角に折り曲げます

03 曲げた箇所を平ペンチで締め、角を明確に出します

04 平ペンチの幅が広い面で角全体をつかみ、右写真のように角の内側の線が接するまで締めます

CHECK

ここまでの状態。耳裏の付け根から、耳の先までのラインができました

CHECK

耳を開いて叩いた状態

05 直前に締めた耳を平ペンチの先でつかみ、軽く開きます。そして、開いた耳の先をハンマー・金属面で叩き、背中までのラインと同様に潰します

06 成形図版と照合し、頭部の額と耳の境目に印を付けます

07 耳側で印位置を平ペンチでつかみ、角を付けるように線を起こします

08 指で起こした箇所を平ペンチで締め、角を明確に出します。そして、できた角のみをハンマー・金属面でピンポイントに叩きます

09 丸ペンチの奥、径の太い所で角際をつかみ、軽く締めて額から目の辺りにかけてのふくらみを付けます

POINT

10 丸ペンチを持ち変えて左写真のようにあて、ペンチを僅かに返して目から鼻先にかけての膨らみを付けます。違いが非常に分かりにくい部分なので、成形図版を参照しながら作業を進めると良いでしょう

ワイヤーキャットブローチ ITEM 14

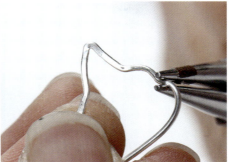

11 目の下に丸ペンチの先をあて、ペンチを返して鼻の上の膨らみを付けます。猫らしい顔を作るための重要な工程なので、ここも成形図版を参照し、正確に膨らみを付けます

12 顔の内側で、鼻先にあたる部分に平ペンチの角をあて、鼻下をまっすぐな直線にするようにつかんで締め、ツンと立った鼻先のラインを表す角を作ります

CHECK
ここまでの状態。鼻先がツンと立った、猫らしい顔ができています

13 銀線が首筋と交差した所をしっかりと押さえ、ハンマー・金属面で造形した顔を表裏とも叩きます

● フック部の製作

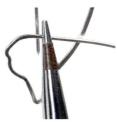

01 丸ペンチのΦ2mmの所で、針先から線1本分離れた所をつかみます

02 丸ペンチを軸に、針に対して垂直に銀線を起こします

03 起こした銀線を顔の方に倒し、丸ペンチに巻き付けます

CHECK
銀線を顔の方向に曲げた状態。丸ペンチに巻き付けた部分が、針先を留めるフックになります

● 仕上げ工程

04 フックを丸ペンチでつかみ、口が閉じない程度に軽く締めます

01 直前に作ったフックのみを、ハンマー・金属面で叩きます

02 片面を叩いたら、向きを変えて反対側も叩きます

03 成形図版と照合し、フックを押さえた状態で親指の腹を使い、残りのボディラインを大まかに造形します

04 左写真のようにフックを平ペンチでつかみ、さらに正確にボディラインを造形します。ボディラインを作ったら、成形図版と照合します

CHECK
ここまでの状態。成形図版に近いシルエットができています

ワイヤーキャットブローチ ITEM 14

05 線が広がらないよう、左写真のように線の先を押さえた状態で、造形したボディラインをハンマー・金属面で叩きます

06 残りの線(叩いた線の先)の中間位置を丸ペンチの先でつかみます

07 05で叩いて硬化した端を持ち、丸ペンチを引き気味に返してつかんだ所を折り返します

CHECK
ここまでの状態。折り返した所が、しっぽの先になります

08 07で持った所から、しっぽの先までの線をハンマー・金属面で叩きます

09 しっぽの先に丸ペンチを合わせ、最初に作った背中の方に向けてペンチを返し、しっぽの先端に丸みを付けます

付けた丸みに合わせ、丸ペンチでしっぽの形を整えます
10

CHECK
ここまでの状態。上のCHECKに比べ、しっぽがより明確になりました

147

11 銀線の先、切り端から5mmの位置に油性ペンで印を付けます。印位置に平ペンチの角をあて、バネコイルの方に向けて直角に折り曲げます

12 直角に折り曲げた先を、バネコイルの内側に収めます

13 写真のように丸ペンチでしっぽをつかみ、矢印の方向にペンチを返します

14 バネコイルの先に出た銀線の端を平ペンチの先でつかみ、針に沿わせて折り曲げます

15 折り曲げた端とバネコイルを平ペンチでつかみ、バネコイルへ掛けて締めます

CHECK
銀線の先を、バネコイルの内側へこのように収めます。材料を長めに用意して余った場合は、適宜カットします

16 ハンマー・金属面でしっぽを叩き、平らに潰します

17 針先をフックに掛け、フックから先を背中に向けて曲げます。首輪を付けるようなイメージで、好みの角度に曲げて構いません

ワイヤーキャットブローチ ITEM 14

18 ネイル磨きで全体を磨きます

以上で、ワイヤーキャットブローチは完成です

Artwork 成形図版

ITEM10のワイヤーバードブローチと同様、原寸より2mm程度縮小した図版写真です。製作の途中で実際に照合し、作品製作に活用してください

Variation バリエーション

フックやバネコイルをフォルムにとり入れる分、アレンジにはさらなるデザイン力が問われます。主要な箇所の配置を考えて図案を起こし、実際に完成させた時の喜びはひとしおでしょう。

うさぎをモチーフにしたワイヤーブローチ。しっぽの辺りに大きなバネコイルを設け、背中のラインに針、そして耳の付け根にフックを設けています

ITEM 15　手作りクラスプ

ネックレスやブレスレットを製作したら、留め具となるクラスプにもオリジナリティを持たせたいところ。この作品は、そんな思いに応えるシンプルなクラスプです。慣れてしまえば思いの外簡単にでき、いくつも作りたくなるでしょう。

MATERIALS　使用する材料

- 銀線（Φ1.0mm）
  フック
  40mm×1本
  キャッチ
  60mm×1本

TOOLS　使用する工具

- 丸ペンチ
- 平ペンチ
- アンビル
- コルク板
- ハンマー
- 定規
- 油性ペン
- ネイル磨き

手作りクラスプ ITEM 15

● フックの製作

01 銀線の端を丸ペンチのΦ2mmの位置でつかみ、軽く起こします

02 丸ペンチを持ち変え、起こした箇所をつかんでカンを作ります

銀線の端にカンを作った状態。一般的な「9ピン」と同じ状態です

03 平ペンチの面でカンを締め、線の切り端をピッタリと付けます

切り端を付けた状態

04 直線部の長さを測り、カンの内端から1/2の位置に印を付けます（ここでは32mmの半分で16mm位置）

05 アンビル・曲面、幅8〜9mm程の位置に、カンを上にして印を合わせます。そして、印位置をU字に曲げます

06 線がU字になるまで曲げます。右写真は曲げた線の状態です

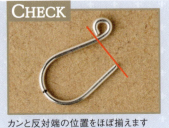

カンと反対端の位置をほぼ揃えます

07 銀線の反対端を丸ペンチの先端でつかみ、外側へ向けて01と同様に軽く起こします

08 続けて、02と同様に曲げてカンを作ります。ここでも丸ペンチの先端を使い、最初に作ったカンよりも僅かに小さいカンを作ります

CHECK
ここまでの状態。両端に作ったカンは、写真のように位置がずれます

09 両端のカンを指先でつかみ、2つのカンの位置をずらしてU字の口を閉じます

CHECK
U時の口を閉じた状態。各カンの位置が、線を境に分かれます

10 口が開かないように両方のカンを押さえ、その状態でU字部分のみをハンマー・金属面で叩き、均等な幅に潰します。後で口が開かないよう、表裏をしっかり叩きます

11 U字部分のみを潰した状態。ネイル磨きで磨けば、クラスプのフックは完成です

● キャッチの製作

01 銀線の端から、8mmと11mmの位置に油性ペンで印を付けます

手作りクラスプ ITEM 15

02 8mm位置の印のすぐ脇（端側）を平ペンチでつかみ、親指で線を直角に曲げます

03 指で曲げた箇所を平ペンチでつかみ、締めて角を明確に出します

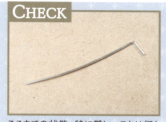

CHECK
ここまでの状態。特に難しいことは何もありません

04 直角に曲げた線の端を、丸ペンチの径が太い所でつかみます。そして、丸ペンチをごく僅かに上（左写真の矢印の方向）へ返し、線の端に丸みを付けます

05 04で丸みを付けた状態

06 丸ペンチの先端寄りで端をつかみ、ペンチを返してカンを作ります

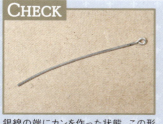

CHECK
銀線の端にカンを作った状態。この形も9ピンと呼ばれますが、Eに近い形から「アイ（eye）ピン」とも呼びます

07 カンの付け根から11mmの印位置までの間を確認し、平ペンチの面でその間を完全につかみます

08 印の付け根に指先をあて、長い銀線を直角に曲げます

09 印位置で線を直角に曲げた状態

10 指で曲げた箇所を平ペンチで締め、角を明確に出します

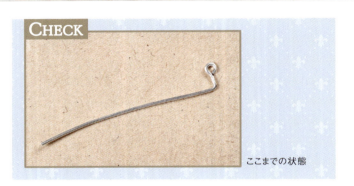
CHECK
ここまでの状態

11 直角に曲げた銀線を、丸ペンチの一番奥で写真のようにつかみます

12 長い線に指をあて、丸ペンチに巻き付けます

13 U字になるまで曲げ、そこからさらにカンの付け根と平行になるまで曲げます

14 丸ペンチを持ち変えて写真のようにつかみ、さらに線を曲げます

CHECK 完全な輪ができるこの写真の状態まで、銀線を曲げます

15 輪に対してカンの付け根(首)が傾いているので、首を平ペンチでつかみ、まっすぐに立てて起こします

CHECK 首を起こした状態。上のCHECKと見比べると、その違いが分かります

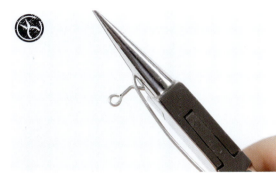

16 11〜14で作った輪を、写真の角度で平ペンチの面一杯でつかみます

17 平ペンチを動かさずに押さえたまま、銀線を輪の付け根から首に巻き付けていきます

POINT

18 銀線を一周巻き付けたら、平ペンチで巻き付けた線を締めます

19 同様にして、次の線を巻き付けていきます

20 先に締めた線に沿わせ、次の線を同様に巻き付けます

最終的に、首が見えなくなる寸前まで巻き付けます
21

最後のひと巻きも平ペンチで締め、先端の余りは外へ向けておきます
22

CHECK

ここまでの状態

23 線の余分を、切り口が内側になるような向きで斜めにカットします

手作りクラスプ ITEM 15

CHECK

線の余分をカットした状態。切り口の向きを、写真のような状態にします。

CHECK

24 巻き付けた線と切り口の先端を平ペンチでつかみ、ペンチを締めて首に沿わせます

上のCHECKの切り口を、首に沿わせて収めた状態

25 大きい輪をアンビル・曲面の先に収め、形を整えます。この時、歪んでいる箇所があればハンマー・プラ面で叩いて整えます。輪の形を整えたら、輪全体をハンマー・金属面で叩き、均等な幅に潰します

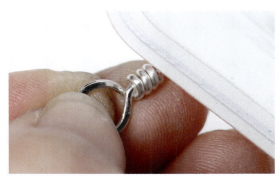

26 仕上げに、ネイル磨きでキャッチ全体を磨きます

157

完成

以上で、クラスプのキャッチは完成です。先に作ったフックと合わせ、様々なアクセサリーの接続金具として活用してください

VARIATION バリエーション

クラスプは、他のアクセサリーを接続するという役割を持つシンプルな道具のひとつですが、素材にシルバーを選び、その造形に変化を加えることでアクセサリーそのものにも変身します。

太い銀線を素材に選び、太さやラインに大きな変化を付けたクラスプチョーカー

クラスプの構造に変化を加え、レザーブレスレットの留め具に採用した作品。キャッチを飾る細い銀線のコイル等、参考になる点が多々あります